中华人民共和国商标法

（实用版）

中国法制出版社
CHINA LEGAL PUBLISHING HOUSE

■实用版

编辑说明

运用法律维护权利和利益，是读者选购法律图书的主要目的。法律文本单行本提供最基本的法律依据，但单纯的法律文本中的有些概念、术语，读者不易理解；法律释义类图书有助于读者理解法律的本义，但又过于繁杂、冗长。“实用版”法律图书至今已行销多年，因其权威、实用、易懂的优点，成为广大读者理解、掌握法律的首选工具。

“实用版系列”独具五重使用价值：

1. **专业出版。**中国法制出版社是中央级法律类图书专业出版社，是国家法律、行政法规文本的权威出版机构。

2. **法律文本规范。**法律条文利用了本社法律单行本的资源，与国家法律、行政法规正式版本完全一致，确保条文准确、权威。

3. **条文解读详致。**本书中的【理解与适用】均是从庞杂的相互关联的法律条文以及全国人大常委会法制工作委员会等对条文的权威解读中精选、提炼而来；【典型案例指引】来自最高人民法院公报、各高级人民法院判决书等，点出适用要点，展示解决法律问题的实例。

4. **附录实用。**书末收录经提炼的法律流程图、诉讼文书、办案常用数据等内容，帮助提高处理法律纠纷的效率。

5. **附赠电子版。**与本分册主题相关、因篇幅所限而未收录的相关文件、“典型案例指引”所涉及的部分重要案例全文，均制作成电子版文件。扫一扫封底“法律法规全书公众号”即可免费获取。

中国法制出版社
2018 年 8 月

《中华人民共和国商标法》理解与适用

《商标法》是调整商品和服务标志因注册使用管理和保护商标专用权等活动中所发生的各种社会关系的法律规范的总称。1982年8月23日，第五届全国人大常委会第二十四次会议通过了《中华人民共和国商标法》，自1983年3月1日起施行。此后，根据1993年2月22日第七届全国人民代表大会常务委员会第三十次会议《关于修改〈中华人民共和国商标法〉的决定》进行了第一次修正，根据2001年10月27日第九届全国人民代表大会常务委员会第二十四次会议《关于修改〈中华人民共和国商标法〉的决定》进行了第二次修正，根据2013年8月30日第十二届全国人民代表大会常务委员会第四次会议《关于修改〈中华人民共和国商标法〉的决定》进行了第三次修正。

2013年8月30日《商标法》的第三次修正，在总体思路上把握了以下三点：一是在与我国参加的国际条约保持一致的前提下，重在立足国内实际需要进行修改。二是加强针对性，围绕实践中存在的主要问题完善有关制度，包括：方便申请人获得商标注册；规范商标申请、使用，维护公平竞争的市场秩序；加强商标专用权保护，切实保障权利人的合法权益。三是采取修正案的形式，保持现行商标法体例结构的稳定性。

原《商标法》，共8章64条。经过本次修改后的《商标法》，共8章73条。单纯从条文数量上看，修改后的商标法条文，比原来多了9条，但实际上本次修改涉及的条文有50多条。具体情况如下：

一是关于章名的修改。本次修改，有两章的章名作了修改。

一是将原第四章的章名“注册商标的续展、转让和使用许可”，修改为“注册商标的续展、变更、转让和使用许可”；二是将原第五章的章名“注册商标争议的裁定”，修改为“注册商标的无效宣告”。

二是关于条文的修改。本次修改，对原条文作出修改的共有35条，约占原条文数（64条）的55%。修改涉及的条文包括原第4、6、7、8、10、11、13、14、15、18、19、20、21、27、30、32、33、34、38、39、40、41、42、44、46、47、48、49、52、53、55、56、57、58、62条。

三是关于新增加的条文。本次修改，新增加的条文共有13条，即修改后的第19、20、21、29、46、47、48、53、55、58、59、64、68条。

四是关于删除的条文。本次修改，删去的条文共有3条，即原42、45、50条。

此外，本次修改，还将原第23条由第二章“商标注册的申请”移至第四章“注册商标的续展、变更、转让和使用许可”中等。

本次商标法的修改的幅度较大，修改的事项较多。之所以如此修改，主要是为了使商标法的规定能够更好地适应我国经济社会发展的新情况新要求，更好地发挥商标法在加强商标管理，保护商标专用权，促使生产、经营者保证商品和服务质量，维护商标信誉，保障消费者和生产、经营者的利益，促进社会主义市场经济的发展等方面的作用。

《商标法》是我国进行商标管理的基本依据，通过规定商标保护的基本原则；商标注册的申请；商标注册的审查和核准；注册商标的续展、变更、转让和使用许可；注册商标的无效宣告；商标使用的管理；注册商标专用权的保护等方面的内容，确立了我国商标基本制度，把商标管理纳入了法制的轨道。随着《商标法实施条例》、《集体商标、证明商标注册和管理办法》、《驰名商标认定和保护规定》及《最高人民法院关于审理商标民事纠纷案件适用法律若干问题的解释》等法规、规章及司法解释的公布和施行，逐渐形成了我国比较完善的商标管理法律体系。

而近年来，随着我国社会经济的迅速发展，商标立法执法也在不断跟进。《律师事务所从事商标代理业务管理办法》进一步规范了商标代理主体及其行为；而《最高人民法院关于审理涉及驰名商标保护的民事纠纷案件应用法律若干问题的解释》为当事人解决驰名商标的纠纷提供了更具体的依据。

我国《商标法》主要保护注册商标权人的专用权，保护范围包括商品商标、服务商标和集体商标、证明商标。虽然《商标法》的主要目的是保护注册商标权人的利益，但这一目的，又首先要通过保护消费者的利益去实现，因此，《商标法》、《消费者权益保护法》与《反不正当竞争法》存在交叉。对于可以获得注册、从而享有商标权的标识，法律首先要求其具有“识别性”。只有具有识别性的标识，才能把来自不同厂家的相同商品区分开。这是商标的主要功能。

实践中，许多人对商标的重视程度远远低于其他知识产权。其实，一个商标，从权利人选择标识起，就不断有创造性的智力劳动投入；而后商标信誉的不断提高，也主要靠经营者的营销方法、为提高质量及更新产品而投入的技术含量等等一系列创造性劳动成果。因此，即使是企业的初级产品，也应当带着商标在市场上出现——经营者在经营有形货物的同时，自己的商标也会不断增值，而一旦有形货物不幸丧失，至少自己的商标仍有价值。

目录

中华人民共和国商标法

第二章　商标注册的申请

第三章　商标注册的审查和核准

第四章　注册商标的续展、变更、转让和使用许可

第五章　注册商标的无效宣告

第六章　商标使用的管理

第七章 注册商标专用权的保护

五、商标侵权纠纷

文书范本

电子版增补法规（请扫封底“法律法规全书公众号”二维码获取）

中华人民共和国商标法

（1982 年 8 月 23 日第五届全国人民代表大会常务委员会第二十四次会议通过　根据 1993 年 2 月 22 日第七届全国人民代表大会常务委员会第三十次会议《关于修改〈中华人民共和国商标法〉的决定》第一次修正　根据 2001 年 10 月 27 日第九届全国人民代表大会常务委员会第二十四次会议《关于修改〈中华人民共和国商标法〉的决定》第二次修正　根据 2013 年 8 月 30 日第十二届全国人民代表大会常务委员会第四次会议《关于修改〈中华人民共和国商标法〉的决定》第三次修正）

目　录

第一章 总 则

第一条 立法宗旨*

为了加强商标管理，保护商标专用权，促使生产、经营者保证商品和服务质量，维护商标信誉，以保障消费者和生产、经营者的利益，促进社会主义市场经济的发展，特制定本法。

▶理解与适用

商标，是商业主体在其提供的商品或者服务上使用的，能够将其商品或服务与其他市场主体提供的商品或服务区别开来的标志。

▶典型案例指引

沈阳某食品有限公司与南宁某经贸有限责任公司侵犯注册商标专用权纠纷上诉案（广西壮族自治区高级人民法院民事判决书〔2006〕桂民三终字第34号）

案件适用要点：根据《商标法》第1条之规定，商标制度确立的意义和功能不仅在于促使生产、经营者保证商品和服务的质量，保障消费者和生产者、经营者的利益，而且还在于维护市场诚信、公平竞争，促进市场经济的发展。因此，商标权人行使商标权不应使他人的合法权利受到不合理的限制，妨碍正常的商品流转，损害社会公共利益，即权利人不能以侵犯商标权为由阻止商标合理使用。根据《商标法实施条例》第49条之规定，注册商标权利人不应要求对商标中通用名称和公共词汇部分的专用，否则不但会影响正常的社会经济秩序，而且也背离了商标制度设立的目的和宗旨。

---

* 条文主旨为编者所加，下同。

第二条 行政主管部门

国务院工商行政管理部门商标局主管全国商标注册和管理的工作。

国务院工商行政管理部门设立商标评审委员会，负责处理商标争议事宜。

▶理解与适用

全国的商标注册工作由国务院工商行政管理部门商标局主管。国务院工商行政管理部门商标局是指国家工商行政管理总局商标局，负有主管全国商标注册和管理的职责，集中统一办理商标注册工作，并依法保护商标专用权和查处商标侵权行为。

国务院工商行政管理部门设立商标评审委员会，负责处理商标争议事宜。

商标局和商标评审委员会都是国家工商行政管理总局的内设机构，二者是平行的。它们虽然都对商标事务具有管理权，但二者各自管理的事务并不相同，并且二者管理商标事务的范围，是由法律明文规定的。

第三条 商标专用权的取得与保护

经商标局核准注册的商标为注册商标，包括商品商标、服务商标和集体商标、证明商标；商标注册人享有商标专用权，受法律保护。

本法所称集体商标，是指以团体、协会或者其他组织名义注册，供该组织成员在商事活动中使用，以表明使用者在该组织中的成员资格的标志。

本法所称证明商标，是指由对某种商品或者服务具有监督能力的组织所控制，而由该组织以外的单位或者个人使用于其商品或者服务，用以证明该商品或者服务的原产地、原料、制造方法、质量或者其他特定品质的标志。

集体商标、证明商标注册和管理的特殊事项，由国务院工商行政管理部门规定。

▶理解与适用

［商标的分类］

1. 商品商标是最常用的商标，是指商品的生产者或经营者为了将自己生产或经营的商品与他人生产或经营的商品区别开来，而使用的文字、图形、字母、数字、三维标志、颜色组合、声音等，以及上述要素组合的标志。

2. 服务商标是指提供服务的经营者为了将自己提供的服务与他人提供的服务区别开来，而使用的文字、图形、字母、数字、三维标志、颜色组合、声音等，以及上述要素组合的标志。

（1）服务商标用以标示和区别无形商品即服务、劳务，使用者多为从事餐饮、宾馆、娱乐、旅游、广告等服务的经营者；

（2）若无特别规定，商标法关于商品商标的规定，适用于服务商标。

3. 集体商标是指以团体、协会或者其他组织名义注册，供该组织成员在商事活动中使用，以表明使用者在该组织中的成员资格的标志。

集体商标由于其使用人较多，覆盖面较宽，其使用本身具有广告效益，所以，集体商标的使用，有利于取得规模经济效益，有利于形成市场优势，有利于扩大国内市场及国际市场的影响力。同时，集体成员使用集体商标，并不排除其使用自身所拥有的商标。集体成员根据实际实况和自身的需要，可以既使用集体商标，又使用自己的商标。

4. 证明商标是指由对某种商品或者服务具有监督能力的组织所控制，而由该组织以外的单位或者个人使用于其商品或者服务，用以证明该商品或者服务的原产地、原料、制造方法、质量或者其他特定品质的标志。

证明商标由于由对某种商品或者服务具有监督能力的组织所控制，使用该商标的商品或者服务的特定品质能够得到保证，所以，证明商标的使用，有利于企业向市场推销商品和服务，也有利于消费者选择商品。

▶条文参见

《集体商标、证明商标注册和管理办法》

▶典型案例指引

1. 新疆维吾尔自治区巴音郭楞蒙古自治州某香梨协会诉新疆库尔勒某纸业有限公司侵犯商标权案（新疆维吾尔自治区高级人民法院民事判决书〔2005〕新民三终字第7号）

案件适用要点：地理标志和商标是知识产权法律制度的重要内容。地理标志是标示某商品来源于某地区，并且该商品的特定质量、信誉或者其他特征主要由该地区的自然因素或者人文因素所决定的标志。我国是通过《商标法》以注册证明商标或集体商标的方式来保护地理标志的，这也是国际上保护地理标志的一种主要方式。对优质、特色农产品实施地理标志保护，是充分利用国际规则的客观需要，也是合理利用与保存农业自然资源、人文资源和地理遗产的现实要求。通过注册农产品商标和地理标志，实施品牌化管理战略，有利于培育地方主导产业，形成地域品牌。

2. 重庆市江北区某服饰有限公司等与重庆某实业有限公司商标侵权纠纷上诉案（重庆市高级人民法院民事判决书〔2005〕渝高法民终字第7号）

案件适用要点：我国《商标法》按商标的用途将商标分为商品商标、服务商标等，对各类商标的具体使用范围《商标法》虽没有作具体规定，但《商标法实施条例》第3条“商标法和本条例所称商标的使用，包括将商标用于商品、商品包装或者容器以及商品交易文书上，或者将商标用于广告宣传、展览以及其他商业活动中”的规定，明确了商标既可以用于商品，也可以用于服务。国家工商行政管理总局依照《商标法》相关规定的原则，以《关于保护服务商标若干问题的意见》对服务商标的使用范围作出了明确的界定，即仅用于服务，而对商品商标却没有不能用于服务的禁止性规定。另从我国现在普遍对商品商标的实际使用来看，不但用于商品，也用于服务，国家亦未予以禁止。

第四条 商标注册申请

自然人、法人或者其他组织在生产经营活动中，对其商品或者服务需要取得商标专用权的，应当向商标局申请商标注册。

本法有关商品商标的规定，适用于服务商标。

▶理解与适用

在我国，获得商标专用权的原则是注册取得制度为主，驰名取得为辅；自愿注册制度为主，强制注册制度为辅。

使用注册商标，可以在商品、商品包装、说明书或者其他附着物上标明“注册商标”或者注册标记。注册标记包括㊟和®。使用注册标记，应当标注在商标的右上角或者右下角。（《商标法实施条例》第63条）

▶典型案例指引

黄某等诉李某、某商标事务所申请人资格确权以及商标侵权纠纷案（贵州省高级人民法院民事判决书〔2006〕黔高民二终字第39号）

案件适用要点：关于注册商标申请权的性质，虽然《商标法》、《商标法实施条例》对商标申请权没有明确规定，但从商标申请权的本质看，其具备民事权利的基本特征。因此，即使是正在申请中的商标，也享有一定的法定权益，申请人的申请权应依法受到法律的保护。

第五条 商标专用权的共有

两个以上的自然人、法人或者其他组织可以共同向商标局申请注册同一商标，共同享有和行使该商标专用权。

▶理解与适用

《民法通则》规定了财产共有制度，第78条规定："财产可以由两个以上公民、法人共有。共有分为按份共有和共同共有。按份共有人按照各自的份额，对共有财产分享权利，分担义务。共同共有人对共有财产享有权利，承担义务。按份共有财产的每个共有人有权要求将自己的份额分出或者转让。但在出售时，其他共有人在同等条件下，有优先购买的权利。"商标权作为民事财产权，当然也可以由两个以上权利人共有。共有商标是指两个以上主体共同申请注册商标，共同享有商标专用权。共有商标的理论基础是民事财产共有制度。

[共有商标]

根据该条的规定，应当从以下三个方面来理解共有商标：

一是共有商标的主体是两个或者两个以上的自然人、法人或者其他组织。即共有商标由两个或者两个以上的自然人、法人或者其他组织共同向商标局申请注册，共同享有和行使商标专用权。

二是共有商标的客体只有一个。无论共有商标的主体有多少个，其客体只有一个，才能构成共有商标。也就是说，数个商标注册人共同享有和行使同一商标专用权的商标，才能称为共有商标。

三是共有商标需要由两个或者两个以上的主体共同申请注册，共同享有和行使该商标专用权。因此，两个或者两个以上的主体各自分别申请注册的，不构成共有商标。

▶条文参见

《中华人民共和国民法通则》第78条；《中华人民共和国物权法》第93－105条；《商标法实施条例》第16条

第六条 必须使用注册商标的商品

法律、行政法规规定必须使用注册商标的商品，必须申请商标注册，未经核准注册的，不得在市场销售。

▶理解与适用

法律、行政法规规定必须使用注册商标的商品，如《中华人民共和国烟草专卖法》中规定，卷烟、雪茄烟和有包装的烟丝必须申请商标注册，未经核准注册的，不得生产、销售。禁止生产、销售假冒他人注册商标的烟草制品。生产、销售没有注册商标的卷烟、雪茄烟、有包装的烟丝的，由工商行政管理部门责令停止生产、销售，并处罚款。生产、销售假冒他人注册商标的烟草制品的，由工商行政管理部门责令停止侵权行为，赔偿被侵权人的损失，可以并处罚款；构成犯罪的，依法追究刑事责任。

▶条文参见

《中华人民共和国烟草专卖法》第19、33条

第七条 申请注册和使用商标应当遵循诚实信用原则

申请注册和使用商标，应当遵循诚实信用原则。

商标使用人应当对其使用商标的商品质量负责。各级工商行政管理部门应当通过商标管理，制止欺骗消费者的行为。

▶理解与适用

诚实信用原则，是指自然人、法人和其他组织在申请商标注册和使用商标过程中，必须意图诚实、善意、讲信用，行使

权利时不侵害他人与社会的利益，履行义务时信守承诺和法律规定。在商标使用过程中，遵循诚实信用原则，就是要求商标使用人应当对其使用商标的商品质量负责。

第八条　商标的构成要素

任何能够将自然人、法人或者其他组织的商品与他人的商品区别开的标志，包括文字、图形、字母、数字、三维标志、颜色组合和声音等，以及上述要素的组合，均可以作为商标申请注册。

▶理解与适用

商标的构成要素，主要有8种：第一，文字。所谓文字，是指语言的书面形式。文字作为商标构成要素，包括各种文字以及各种字体的文字、各种在艺术上有所变化的文字。文字在人们的生活中十分重要，是注册商标的最常见的要素之一。第二，图形。所谓图形，是指在平面上表示出来的物体的形状。图形可以是具体描绘实际存在的人、物的形状，也可以是虚构的图形，还可以是抽象的图形。由于图形的表现力很强，可以鲜明地表现出可区别性，图形是注册商标的另一个最常见的要素。第三，字母。所谓字母，是指拼音文字或者注音符号的最小的书写单位。字母可识性强，在生活中应用广泛，字母是注册商标的又一个最常见的要素，如K。第四，数字。所谓数字，是指表示数目的符号。数字在生活中十分常用，是注册商标的要素之一。第五，三维标志。所谓三维标志，是指以一个具有长、宽、高三种度量的立体物质形态出现的标志。三维标志与二维标志有所不同，比二维标志具有更强的视觉冲击力，更能识别商品或服务的出处。三维标志也是注册商标的要素之一。第六，颜色组合。所谓颜色组合，是指两种或者两种以上的颜色所组成一个整体。在现实中，颜色缤纷丰富，颜色的组合可以成为识别商品来源的显著标志。颜色组合是注册商标的要素之一。颜色作为注册商标的要素，是颜色组合，而不是单一颜色。第七，声音。所谓声音，是指声波通过听觉所产生的印象。声音作为注册商标的要素，是本次修改《商标法》时新增加的内容，是根据实际需要和国际商标领域的发展趋势而增加的。今后自然人、法人或者其他组织可以将声音作为商标申请注册。第八，上述要素的组合。上述要素不仅可以单独作为商标申请注册，而且由于其中任意两种或者两种以上的要素相互组成的一个整体，都可以成为识别商品来源的标志，所以上述要素的组合也可以作为商标申请注册。

▶典型案例指引

浙江省某糖果食品厂与某糖果（中国）有限公司等商标侵权和不正当竞争纠纷上诉案（浙江省高级人民法院民事判决书〔2007〕浙民三终字第124号）

案件适用要点：根据《商标法》第8条的规定，商标是任何能够将自然人、法人或者其他组织的商品与他人的商品区别开的可视性标志。显然，区别商品或者服务的来源是商标的重要特性。

第九条 申请注册的商标应具备的条件

申请注册的商标，应当有显著特征，便于识别，并不得与他人在先取得的合法权利相冲突。

商标注册人有权标明“注册商标”或者注册标记。

▶理解与适用

［申请注册的商标应当同时具备的条件］

一是具有显著特征。所谓显著特征，是指足以使相关公众区分商品或者服务来源的特征。商标具有显著特征，就意味着该商标不能与他人的商标相同，也不能与他人的商标近似。要求申请注册的商标具有显著特征，目的是方便相关公众识别商品或者服务的来源，并在此基础上作出是否购买该商品、消费该服务的决定。判定商标的显著特征，应当综合考虑构成商标的标志本身、商标指定使用商品、商标指定使用商品的相关公众的认知习惯、商标指定使用商品所属行业的实际使用情况等因素。

二是不与他人在先取得的合法权利相冲突。在自然人、法人或者其他组织申请商标注册以前，其他人可能已经依法取得了相关权利。此时，自然人、法人或者其他组织申请注册商标，就存在与他人之前获得的权利相冲突的可能。为了防止权利冲突情况的发生，避免在商标注册中产生侵权行为，保护先于商标专用权的已取得的合法权利，商标法对在先权利的保护作了一系列的规定。如《商标法》第 31 条规定，两个或者两个以上的商标注册申请人，在同一种商品或者类似商品上，以相同或者近似的商标申请注册的，初步审定并公告申请在先的商标；同一天申请的，初步审定并公告使用在先的商标，驳回其他人的申请，不予公告。第 32 条规定，申请商标注册不得损害他人现有的在先权利，也不得以不正当手段抢先注册他人已经使用并有一定影响的商标。

[如何解决现实生活中解决“傍名牌”的问题?]

在实际中，有的个人和企业为了牟取不正当利益，采取“傍名牌”的手法，将他人注册商标或者未注册的驰名商标，作为自己企业名称中的字号使用，以达到其提升知名度、增加交易机会、吸引消费者、推销商品的目的。这类行为一方面会侵占他人长期经营品牌商品形成的市场份额，影响他人的正常经营；另一方面，由于这类行为采取了“移花接木”的方式不正当使用他人注册商标和未注册的驰名商标，其商品品质往往难以与已有商标使用的商品相比，消费者容易受误导而权益受损。因此，商标法明确了对这类行为依照不正当竞争行为进行处理。

▶**条文参见**

《最高人民法院关于审理注册商标、企业名称与在先权利冲突的民事纠纷案件若干问题的规定》

▶**典型案例指引**

1. 吴某与成都某餐饮娱乐有限公司商标侵权纠纷上诉案（四川省高级人民法院民事判决书〔2005〕川民终字第23号）

案件适用要点：注册商标的标识应当具有显著性，而且显著性部分的甄别，应依据普通消费者的视角进行。

2. 上海某饰品有限公司与林某商标侵权纠纷上诉案（上海市高级人民法院民事判决书〔2006〕沪高民三（知）终字第117号）

案件适用要点：所谓在先权利应是指他人在注册商标申请人提出商标注册申请以前，已经依法取得、合法享有或合法使用后具有一定知名度并受法律保护的有关权利。

第十条 禁止作为商标使用的标志

下列标志不得作为商标使用：

（一）同中华人民共和国的国家名称、国旗、国徽、国歌、军旗、军徽、军歌、勋章等相同或者近似的，以及同中央国家机关的名称、标志、所在地特定地点的名称或者标志性建筑物的名称、图形相同的；

（二）同外国的国家名称、国旗、国徽、军旗等相同或者近似的，但经该国政府同意的除外；

（三）同政府间国际组织的名称、旗帜、徽记等相同或者近似的，但经该组织同意或者不易误导公众的除外；

（四）与表明实施控制、予以保证的官方标志、检验印记相同或者近似的，但经授权的除外；

（五）同“红十字”、“红新月”的名称、标志相同或者近似的；

（六）带有民族歧视性的；

（七）带有欺骗性，容易使公众对商品的质量等特点或者产地产生误认的；

（八）有害于社会主义道德风尚或者有其他不良影响的。

县级以上行政区划的地名或者公众知晓的外国地名，不得作为商标。但是，地名具有其他含义或者作为集体商标、证明商标组成部分的除外；已经注册的使用地名的商标继续有效。

►理解与适用

中华人民共和国的国家名称，包括全称、简称和缩写。我国国家名称的全称是中华人民共和国，简称为中国、中华，英文简称或者缩写为 CN、CHN、P. R. C、CHINA、P. R. CHINA、PR OF CHINA。国旗是五星红旗。国徽的中间是五星照耀下的天安门，周围是谷穗和齿轮。国歌是《义勇军进行曲》。军旗是中国人民解放军的八一军旗，军旗为红底，左上角缀金黄色五角星和“八一”两字。军徽包括陆军军徽、海军军徽和空军军徽。军歌是《中国人民解放军进行曲》。勋章是国家有关部门授给对国家、社会有贡献的人或者组织的表示荣誉的证章。中央国家机关的名称、标志包括所有中央国家机关名称、标志。中央国家机关所在地特定地点或者标志性建筑物包括中南海、天安门、新华门、紫光阁、怀仁堂、人民大会堂等。

外国的国家名称，包括中文和外文的全称、简称和缩写。国旗是指由国家正式规定的代表本国的旗帜。国徽是由国家正式规定的代表本国的标志。军旗是国家正式规定的代表本国军队的旗帜。

政府间国际组织，是指由若干国家和地区的政府为了特定目的通过条约或者协议建立的有一定规章制度的团体。如联合国、世界贸易组织、欧洲联盟、非洲统一组织、世界知识产权组织等。国际组织的名称，包括全称、简称或者缩写。例如，联合国的英文全称为United Nations，缩写为UN；欧洲联盟的中文简称为欧盟，英文全称为European Union，缩写为EU。

官方标志、检验印记，是指官方机构用以表明其对商品质量、性能、成分、原料等实施控制、予以保证或者进行检验的标志或印记。表明实施控制、予以保证的官方标志、检验印记是政府履行职责，对所监管事项作出的认可和保证，具有国家公信力，不宜作为商标使用，否则，将对社会造成误导，使这种公信力大打折扣。

“红十字”标志是国际人道主义保护标志，是武装力量医疗机构的特定标志，是红十字会的专用标志。“红新月”是阿拉伯国家和部分伊斯兰国家红新月会专用的、性质和功能与红十字标志相同的标志。红十字标志是白底红十字；红新月标志是向右弯曲或者向左弯曲的红新月。根据有关红十字会和红新月会的国际条约的规定，“红十字”、“红新月”的名称和标志不得用于与两会宗旨无关的活动。

民族歧视性，是指商标的文字、图形或者其他构成要素带有对特定民族进行丑化、贬低或者其他不平等看待该民族的内容。

带有欺骗性，容易使公众对商品的质量等特点或者产地产生误认的标志，会误导消费者，使其在错误认识的基础上进行消费，其利益也就会由此受到损害。

社会主义道德风尚，是指我国人们共同生活及其行为的准则、规范以及在一定时期内社会上流行的良好风气和习惯。所谓其他不良影响，是指商标的文字、图形或者其他构成要素对我国政治、经济、文化、宗教、民族等社会公共利益和公共秩序产生消极的、负面的影响。

以下两种地名，不得作为商标：

一是我国县级以上行政区划的地名，不得作为商标。所谓县级以上行政区划，包括县级的县、自治县、县级市、市辖区；

地级的市、自治州、地区、盟；省级的省、直辖市、自治区；两个特别行政区即香港、澳门；台湾地区。县级以上行政区划的地名以我国民政部编辑出版的《中华人民共和国行政区划简册》为准。县级以上行政区划地名，包括全称、简称以及县级以上的省、自治区、直辖市、省会城市、计划单列市、著名的旅游城市的拼音形式。

二是公众知晓的外国地名，不得作为商标。所谓公众知晓的外国地名，是指我国公众知晓的我国以外的其他国家和地区的地名。外国地名包括全称、简称、外文名称和通用的中文译名。

［地名可作为商标的例外情形］

根据《商标法》第10条第2款的规定，下列三种情形，地名可作为商标：一是地名具有其他含义。所谓地名具有其他含义，是指地名作为词汇具有确定含义且该含义强于作为地名的含义，不会误导公众。二是地名作为集体商标、证明商标的组成部分。三是已经注册的使用地名的商标，依法继续有效。

▶典型案例指引

1. 华盛顿某委员会与中华人民共和国国家工商管理总局商标评审委员会商标异议复审裁定纠纷上诉案（北京市高级人民法院行政判决书〔2007〕高行终字第107号）

案件适用要点：《商标法》第10条第2款规定但书条款中的“其他含义”，应理解为其不仅要求该地名具有地名之外的其他含义，亦要求该其他含义强于地名含义。构成商标的某一词语可能具有多重含义，但相关公众对商标含义的理解应以其首要的、最常见的含义为准。

2. 浙江某服饰集团有限公司与国家工商行政管理总局商标评审委员会商标行政纠纷上诉案（北京市高级人民法院行政判决书〔2007〕高行终字第15号）

案件适用要点：《商标法》第10条第1款第（八）项规定中的“不良影响”，一般是指商标的文字、图形或者其他构成要素对我国政治、经济、文化、宗教、民族等社会公共利益和公共秩序产生消极的、负面的影响。

第十一条 不得作为商标注册的标志

下列标志不得作为商标注册：

（一）仅有本商品的通用名称、图形、型号的；

（二）仅直接表示商品的质量、主要原料、功能、用途、重量、数量及其他特点的；

（三）其他缺乏显著特征的。

前款所列标志经过使用取得显著特征，并便于识别的，可以作为商标注册。

▶理解与适用

［经过使用取得显著特征的标志］

判定是否为经过使用取得显著特征的标志，应当综合考虑相关公众对该标志的认知情况；该标志在指定商品或者服务上实际使用的时间、使用方式及同行业使用情况；使用该标志的商品或者服务的生产、销售、广告宣传情况及使用该标志的商品或者服务本身的特点等因素。

▶典型案例指引

山东鲁锦实业有限公司诉鄄城县鲁锦工艺品有限责任公司、济宁礼之邦家纺有限公司侵犯注册商标专用权及不正当竞争纠纷案（《中华人民共和国最高人民法院公报》2010 年第 1 期）

案件适用要点：商品通用名称应当具有广泛性、规范性。对于具有地域性特点的商品通用名称，判断其是否具有广泛性，应以特定产区及相关公众的接受程度为标准，而不应以是否在全国范围内广泛使用为标准；判断其是否具有规范性，应当以相关公众的一般认识及其指代是否明确为标准。对于约定俗成、已为相关公众认可的名称，即使其不尽符合相关科学原理，亦不影响将其认定为通用名称。具体判断是否构成商品的通用名称，应当注意把握以下几点：1. 该名称是否在某一地区或领域普遍使用并为相关公众所接受；2. 该名称所指代的商品生产工艺是否经某一地区或领域长期共同劳动实践而形成；3. 该名称所指代的商品生产原料是否在某一地区或领域普遍生产。

第十二条　以三维标志作为注册商标的特殊要求

以三维标志申请注册商标的，仅由商品自身的性质产生的形状、为获得技术效果而需有的商品形状或者使商品具有实质性价值的形状，不得注册。

▶理解与适用

由于产品的立体形状有时是由商品本身的原因而不仅仅是由于商品所有人的设计决定的，为了防止商标所有人对相关商品的垄断，法律对其作出了特殊规定。“仅由商品自身的性质产生的形状”不得注册，主要是由于该形状无法从观念上与商品区别开，即缺乏显著性；“为获得技术效果而需有的商品形状”不得注册的原因，是防止有人将技术方案用商标法来保护，从而使得其对技术的专有变得在事实上没有期限；“使商品具有实质性价值的形状”不得注册，主要也是基于其缺乏显著性。

▶典型案例指引

意大利费列罗公司与蒙特莎（张家港）食品有限公司、天津经济技术开发区正元行销有限公司不正当竞争纠纷案（《中华人民共和国最高人民法院公报》2008 年第 6 期）

案件适用要点：盛装或者保护商品的容器等包装，以及在商品或者其包装上附加的文字、图案、色彩及其排列组合所构成的装潢，在其能够区别商品来源时，即属于反不正当竞争法保护的特有包装、装潢。该受保护的整体形象设计不同于三维标志性的立体商标，不影响相关部门对于有关立体商标可注册性的独立判断。

第十三条 驰名商标的保护

为相关公众所熟知的商标，持有人认为其权利受到侵害时，可以依照本法规定请求驰名商标保护。

就相同或者类似商品申请注册的商标是复制、摹仿或者翻译他人未在中国注册的驰名商标，容易导致混淆的，不予注册并禁止使用。

就不相同或者不相类似商品申请注册的商标是复制、摹仿或者翻译他人已经在中国注册的驰名商标，误导公众，致使该驰名商标注册人的利益可能受到损害的，不予注册并禁止使用。

▶理解与适用

复制，是指申请注册的商标与他人驰名商标相同。摹仿，是指申请注册的商标抄袭他人驰名商标，沿袭他人驰名商标的显著部分或者显著特征，即沿袭他人驰名商标赖以起主要识别作用的部分或者特征，包括特定的文字或者其组合方式及字体表现形式、特定图形构成方式及表现形式、特定的颜色组合等。翻译，是指申请注册的商标将他人驰名商标以不同的语言文字予以表达，且该语言文字已与他人驰名商标建立对应关系，并为相关公众广为知晓或者习惯使用。

类似商品，是指商品在功能、用途、主要原料、生产部门、销售渠道、销售场所、消费对象等方面相同或者相近。类似服务，是指服务在目的、内容、方式、对象等方面相同或者相近。

容易导致混淆，是指容易导致消费者对商品或者服务来源的误认，包括容易使消费者认为标识申请注册的商标的商品或者服务系由驰名商标所有人生产或者提供；容易使消费者联想到标识申请注册的商标的商品的生产者或者服务的提供者与驰名商标所有人存在某种联系，如投资关系、许可关系或者合作关系。

[驰名商标的保护的前提条件]

驰名商标的保护，需要三个前提条件：

一是商标为相关公众所熟知。所谓为相关公众所熟知，是指与使用商标所标示的某类商品或者服务有关的消费者、生产前述商品或者提供服务的其他经营者以及经销渠道中所涉及的销售者和相关人员等，都清楚地知道该商标及使用该商标的商品或者服务的来源。为相关公众所熟知，是驰名商标的内涵。

二是商标的持有人认为其权利受到侵害。《保护工业产权巴黎公约》和《与贸易有关的知识产权协定》规定驰名商标的保护，目的在于防止已经驰名的商标被他人侵害。因此，法律上要求商标持有人认为其权利受到侵害时，才可以请求驰名商标保护。

三是由商标持有人提出请求。为防止“批量认定、主动保护”的情况出现，根据“个案认定、被动保护”的原则，驰名商标的保护请求应当由商标持有人提出，而不能由商标持有人以外的任何其他人以及机构、组织等提出。

[对未在我国注册的驰名商标的保护]

对未在我国注册的驰名商标，法律只保护其在相同或者类似商品或服务上注册和使用的权利，即某一申请注册的商标是复制、摹仿或翻译他人未在我国注册的驰名商标，用于相同或者类似的商品或者服务上，容易导致混淆的，对该商标不予注册并禁止使用。如果申请注册的商标是复制、摹仿或翻译他人未在我国注册的驰名商标，用于不相同或不相类似的商品或者服务上，不容易导致混淆的，则法律并不禁止其注册和使用。

[对已经在我国注册的驰名商标的保护]

对已经在我国注册的驰名商标，不仅禁止他人在相同或者类似商品或服务上注册和使用，也禁止他人在不相同或者不相类似商品或服务上注册和使用。即申请注册的商标是复制、摹仿或翻译他人已经在我国注册的驰名商标，用于不相同或者不相类似的商品或者服务上，误导公众，致使该驰名商标注册人的利益可能受到损害的，对该申请注册的商标，不予注册并禁止使用，体现了注重保护注册商标的原则。

▶条文参见

《商标法实施条例》第3、49条；《商标纠纷解释》第2条；《驰名商标认定和保护规定》第2、4条；《最高人民法院关于审理涉及计算机网络域名民事纠纷案件适用法律若干问题的解释》第4-6条；《最高人民法院关于审理涉及驰名商标保护的民事纠纷案件应用法律若干问题的解释》

▶典型案例指引

广东某实业有限公司与中华人民共和国国家工商行政管理总局商标评审委员会商标行政纠纷上诉案（北京市高级人民法院行政判决书〔2008〕高行终字第275号）

案件适用要点：是否属于违反《商标法》第13条第2款规定，应当以在后注册的商标是否复制、摹仿或者翻译他人已在中国注册的驰名商标，并在实际使用中足以误导消费者、使消费者误认为使用该商标的商品或者服务与驰名商标所有人有一定联系，从而损害驰名商标所有人利益为标准。

第十四条 驰名商标的认定

驰名商标应当根据当事人的请求，作为处理涉及商标案件需要认定的事实进行认定。认定驰名商标应当考虑下列因素：

（一）相关公众对该商标的知晓程度；

（二）该商标使用的持续时间；

（三）该商标的任何宣传工作的持续时间、程度和地理范围；

（四）该商标作为驰名商标受保护的记录；

（五）该商标驰名的其他因素。

在商标注册审查、工商行政管理部门查处商标违法案件过程中，当事人依照本法第十三条规定主张权利的，商标局根据审查、处理案件的需要，可以对商标驰名情况作出认定。

在商标争议处理过程中，当事人依照本法第十三条规定主张权利的，商标评审委员会根据处理案件的需要，可以对商标驰名情况作出认定。

在商标民事、行政案件审理过程中，当事人依照本法第十三条规定主张权利的，最高人民法院指定的人民法院根据审理案件的需要，可以对商标驰名情况作出认定。

生产、经营者不得将“驰名商标”字样用于商品、商品包装或者容器上，或者用于广告宣传、展览以及其他商业活动中。

▶理解与适用

[认定驰名商标的前提]

根据“个案认定、被动保护”的原则，《商标法》第14条第1款规定，驰名商标应当根据当事人的请求，作为处理涉及商标案件需要认定的事实进行认定。因此，驰名商标认定的前提有两个：

一是当事人提出了请求。即商标持有人认为其权利受到了侵害，提出了驰名商标保护的请求。

二是作为处理涉及商标案件需要认定的事实进行认定。即对驰名商标的认定，是事实认定，是对商标在现实生活中已经驰名这一事实的认定，而不是国家机关、社会团体以及其他组织等对商品质量和企业信誉的认可。

[认定驰名商标应当考虑的因素]

一是相关公众对该商标的知晓程度。所谓相关公众对该商标的知晓程度，是指与使用该商标所标示的某类商品或者服务有关的消费者，生产前述商品或者提供服务的其他经营者以及经销渠道中所涉及的销售者和相关人员等人中，对该商标以及使用该商标商品或者服务的来源所知悉范围的大小、了解情况的多少等。

二是该商标使用的持续时间。所谓该商标使用的持续时间，是指该商标不间断地使用于某类商品或者服务上的时间。驰名商标是指较长时间持续使用并为相关公众所熟知的商标，使用时间的长短，直接决定了某商标是否为驰名商标。

三是该商标的任何宣传工作的持续时间、程度和地理范围。商标宣传时间的长短、宣传程度的大小、宣传地方的多少，直接决定了知晓该商标人数的多少、了解的程度等。

四是该商标作为驰名商标受保护的记录。

五是该商标驰名的其他因素。是指除上述四个因素外，其他导致该商标驰名的因素。如使用该商标的商品，在一定时期的销售量增长较快，或者销售区域迅速扩大等，说明购买使用该商品的消费者众多，该商标也就为公众所熟知等。

[如何看待驰名商标的个案效力?]

驰名是一种事实状态，表明的是相关公众对该商标的知晓程度。一个商标并不因为从来没有被任何国家机关认可过驰名，一定不驰名；也并不因为曾经被某个国家机关认可过驰名，就永远驰名下去。一个商标可能在这个地方不驰名，但在那个地方驰名；也可能在这个行业中尽人皆知，而在那个行业中知者无几。

既然是一种事实状态，那么这种状态就有可能随着现实条件的变化而变化。因此国家机关在某一个具体案件中对这种事实的认定，只具有个案效力，而不是一种对商标所有人在法律上的授权。

《商标法》规定“该商标作为驰名商标受保护的记录”只是考虑某一商标是否驰名的因素之一而不是全部，也即对这种“个案性”的认可。

驰名认定的个案效力决定了在每一次案件中主管机关都应该根据《商标法》第 14 条的规定来进行商标是否驰名的判断，除非对方当事人认可。

［驰名商标的认定主体］

按照《商标法》的规定，驰名商标的认定主体有三个：

一是国务院工商行政管理部门商标局。

商标局认定驰名商标的环节，是在商标注册审查、工商行政管理部门查处商标违法案件的过程中，包括在商标注册审查和查处侵犯注册商标专用权案件过程中，以及查处涉嫌侵犯未注册的驰名商标持有人权利的案件中。商标局认定驰名商标，需要以当事人主张驰名商标权利为前提，并应当根据审查、处理案件的需要对商标驰名的情况作出认定。

二是国务院工商行政管理部门设立的商标评审委员会。

商标评审委员会认定驰名商标的环节，是在商标争议处理过程中。商标评审委员会认定驰名商标，需要以当事人主张驰名商标权利为前提，并应当根据处理案件的需要对商标驰名的情况作出认定。

三是最高人民法院指定的人民法院。

最高人民法院指定的人民法院认定驰名商标的环节，是在商标民事、行政案件审理过程中，因当事人依照《商标法》第13条规定主张权利的，根据审理案件的需要，可以对商标驰名的情况作出认定。

▶条文参见

《商标法实施条例》第3、49条；《商标纠纷解释》第8、22条；《驰名商标认定和保护规定》；《最高人民法院关于审理涉及驰名商标保护的民事纠纷案件应用法律若干问题的解释》

▶典型案例指引

1. A（天津）发展有限公司诉西班牙A（香港）制造集团有限公司等商标侵权案（天津市高级人民法院民事判决书〔2006〕津高民三终字第3号）

案件适用要点：驰名商标应是商标权人长期以其诚实的经营活动和商品质量逐步赢得市场信誉形成的。根据《商标法》

及相关司法解释的规定，复制、摹仿或者翻译他人注册的驰名商标，或其主要部分在不相同或不相类似商品上作为商标使用，误导公众，致使该驰名商标注册人的利益可能受到损害的，构成商标侵权。

2. 爱特福公司诉北京地坛医院等不正当竞争纠纷上诉案（《中华人民共和国最高人民法院公报》2003 年第 5 期）

案件适用要点： 知名商品的特有名称依法受到保护，权利人有权制止他人未经许可擅自使用其知名商品特有名称进行不正当竞争的行为。

第十五条　恶意注册他人商标

未经授权，代理人或者代表人以自己的名义将被代理人或者被代表人的商标进行注册，被代理人或者被代表人提出异议的，不予注册并禁止使用。

就同一种商品或者类似商品申请注册的商标与他人在先使用的未注册商标相同或者近似，申请人与该他人具有前款规定以外的合同、业务往来关系或者其他关系而明知该他人商标存在，该他人提出异议的，不予注册。

▶理解与适用

商标代理人、代表人或者经销、代理等销售代理关系意义上的代理人、代表人未经授权，以自己的名义将被代理人或者被代表人商标进行注册的，人民法院应当认定属于代理人、代表人抢注被代理人、被代表人商标的行为。审判实践中，有些抢注行为发生在代理、代表关系尚在磋商的阶段，即抢注在先，代理、代表关系形成在后，此时应将其视为代理人、代表人的抢注行为。与上述代理人或者代表人有串通合谋抢注行为的商标注册申请人，可以视其为代理人或者代表人。对于串通合谋抢注行为，可以视情况根据商标注册申请人与上述代理人或者代表人之间的特定身份关系等进行推定。

代理人或者代表人不得申请注册的商标标志，不仅包括与被代理人或者被代表人商标相同的标志，也包括相近似的标志；不得申请注册的商品既包括与被代理人或者被代表人商标所使用的商品相同的商品，也包括类似的商品。

▶典型案例指引

重庆正通药业有限公司、国家工商行政管理总局商标评审委员会与四川华蜀动物药业有限公司商标行政纠纷案（《中华人民共和国最高人民法院公报》2007 年第 11 期）

案件适用要点：《商标法》第 15 条规定的“代理人”，不仅包括接受商标注册申请人或者商标注册人的委托，在委托权限范围内代理商标注册等事宜的商标代理人、代表人，还包括总经销（独家经销）、总代理（独家代理）等特殊销售代理关系意义上的代理人、代表人。

第十六条　地理标志

商标中有商品的地理标志，而该商品并非来源于该标志所标示的地区，误导公众的，不予注册并禁止使用；但是，已经善意取得注册的继续有效。

前款所称地理标志，是指标示某商品来源于某地区，该商品的特定质量、信誉或者其他特征，主要由该地区的自然因素或者人文因素所决定的标志。

▶理解与适用

地理标志的核心构成要素是客观存在的“地理名称”而非臆造、虚构的词汇。因此对于使用地理标志的商品，必须来源于该地。

在我国，地理标志可以作为证明商标或者集体商标申请注册。以地理标志作为证明商标注册的，其商品符合使用该地理标志条件的自然人、法人或者其他组织可以要求使用该证明商标，控制该证明商标的组织应当允许。以地理标志作为集体商标注册的，其商品符合使用该地理标志条件的自然人、法人或者其他组织，可以要求参加以该地理标志作为集体商标注册的团体、协会或者其他组织，该团体、协会或者其他组织应当依据其章程接纳为会员；不要求参加以该地理标志作为集体商标注册的团体、协会或者其他组织的，也可以正当使用该地理标志，该团体、协会或者其他组织无权禁止。（《商标法实施条例》第4条）

[地理标志与普通的商标如何区别?]

地理标志与普通的商标一样，都是表示商品来源的专用标记，不同之处在于：（1）商标表示的是商品出自哪个生产者，地理标志表示的是该商品来源于哪个地区。（2）商标的构成要素不能直接描述产品的产地、原料、功能、用途，否则将不具有显著性，而地理标志就是要直接以地理名称或符号来说明产品的地理来源。（3）就权利主体而言，商标权的权利主体为单一的企业或个人，地理标志的权利人为特定地域内的生产经营者。（4）就可以行使的权利而言，商标权人可以将其拥有的权利转让，而地理标志所有人不能将其专用权转让；商标权人可以自主决定是否允许他人使用其商标，而地理标志所有人不能禁止达到了标准的其他人正当使用地理标志中的地名。

[地理标志与货源标记、原产地名称如何区别?]

货源标记是指用于区别商品来源的标志，通常由名称、用语或符号构成，用以标识该商品源自某一国家或地区。一般认为，货源标记只代表产地的整体信誉，与产品质量没有直接联系，更不表明产品的特定品质。《保护工业产权巴黎公约》第10条中的原产地标记，即指货源标记。该条规定：（1）前条各款规定应适用于直接或间接使用虚伪的商品原产地、生产者、制造者或商人的标记的情况；（2）凡从事此项商品的生产、制造或销售的生产者，制造者或商人，无论为自然人或法人，其营业所设在被虚伪标示为商品原产的地方、该地所在的地区，或在虚伪标为原产的国家、或者在使用该虚伪原产地标记的国家者，无论如何均应视为利害关系人。这里只关心产品的生产地，而无论产品的质量与该地理位置有何关系。

根据《保护工业产权巴黎公约》，对货源标记可以是直接使用，也可以是间接使用。直接使用是指直接表示商品源自某特定地理区域，间接使用是指不使用直接指示特定地理区域、但使用那些能让人联想到特定区域的标志。例如金字塔使人想到埃及，天安门让人想到中国等。

与货源标记相比，原产地名称不仅明确标志商品的产地，而且还表示出该商品因源自该地域而具有某种特殊的品质。一般来说，在商品上使用原产地名称，必须具备以下条件：原产地名称是确实存在的地理名称而非臆造的、虚构的地名；原产地名称的使用人是在该产地中利用相同的自然条件、采用相同传统工艺的生产经营者；原产地名称所附着的商品为驰名的地方特产，在原产地之外的广大地域范围内为公众所知晓。

《与贸易有关的知识产权协定》（TRIPS）第22条第1款以“地理标志”将货源标记和原产地名称合二为一，将其概念界定为：表示出某商品来源于成员地域内，或来源于该地域中的某地区或某地方，该商品的质量、声誉或其他特征，主要与该地理来源相关联。

可见，相较于货源标记，TRIPS要求地理标志的使用人必须利用了该地域内的特殊条件。相较于原产地名称，TRIPS不要求地理标志必须为地域外的公众广为知晓，基于此在我国将地理标志注册为集体商标或证明商标，也不要求申请注册人证明其标志已经知名。《集体商标、证明商标注册和管理办法》第7条规定，以地理标志作为集体商标、证明商标注册的，应当在申请书件中说明下列内容：（1）该地理标志所标示的商品的特定质量、信誉或者其他特征；（2）该商品的特定质量、信誉或者其他特征与该地理标志所标示的地区的自然因素和人文因素的关系；（3）该地理标志所标示的地区的范围。另外，地理标志也不限于是地区的名称，可以是暗示该地区的各种标志。

▶**条文参见**

《商标法实施条例》第4条；《地理标志产品保护规定》

▶**典型案例指引**

浙江省食品有限公司诉上海市泰康食品有限公司、浙江永康四路火腿一厂商标侵权纠纷案（《中华人民共和国最高人民法院公报》2007年第11期）

案件适用要点：对于因历史原因形成的、含有地名的注册商标，虽然商标权人根据商标法享有商标专用权，但是如果该地名经国家专门行政机关批准实施原产地域产品保护，则被获准使用的民事主体可以在法定范围内使用该原产地域专用标志。商标权人以行为人合法使用的原产地域专用标志侵犯自己的商标专用权为由诉至人民法院，请求侵权损害赔偿的，人民法院不予支持。

第十七条 外国人在中国申请商标注册

外国人或者外国企业在中国申请商标注册的，应当按其所属国和中华人民共和国签订的协议或者共同参加的国际条约办理，或者按对等原则办理。

▶**理解与适用**

[外国人在中国申请商标注册的办理原则]

外国人或者外国企业在我国申请商标注册的，按照以下原则办理：

一是按协议、条约办理。即按其所属国和中华人民共和国签订的协议或者共同参加的国际条约办理。

二是按对等原则办理。所谓对等原则，是指国家与国家之间、国家与地区之间对某类事情的处理，互相给予对方以彼此同等的待遇。

第十八条 商标代理

申请商标注册或者办理其他商标事宜，可以自行办理，也可以委托依法设立的商标代理机构办理。

外国人或者外国企业在中国申请商标注册和办理其他商标事宜的，应当委托依法设立的商标代理机构办理。

▶理解与适用

商标代理机构，是指接受委托人的委托，以委托人的名义办理商标注册申请或者其他商标事宜的法律服务机构。

本条规定的"其他商标事宜"，是指申请注册商标的变更、续展、转让、异议、撤销、评审、侵权投诉等有关事宜，但不包括因为商标争议向法院提起诉讼的事宜。

［为什么要对外国人和外国企业进行强制性规定?］

对外国人和外国企业进行强制性规定，主要是考虑外国人和外国企业在我国没有经常居所或者营业所，在我国直接申请商标注册和办理其他商标事宜可能存在语言和书件送达障碍。为了保证申请书件的质量和有关文件的及时送达，使商标注册审查及其他相关工作顺利进行，法律要求外国人或者外国企业在我国申请商标注册和办理其他商标事宜应当委托依法设立的商标代理机构办理。

▶条文参见

《律师事务所从事商标代理业务管理办法》

第十九条 商标代理机构

商标代理机构应当遵循诚实信用原则，遵守法律、行政法规，按照被代理人的委托办理商标注册申请或者其他商标事宜；对在代理过程中知悉的被代理人的商业秘密，负有保密义务。

委托人申请注册的商标可能存在本法规定不得注册情形的，商标代理机构应当明确告知委托人。

商标代理机构知道或者应当知道委托人申请注册的商标属于本法第十五条和第三十二条规定情形的，不得接受其委托。

商标代理机构除对其代理服务申请商标注册外，不得申请注册其他商标。

▶**理解与适用**

［商标代理机构的义务］

为了保护委托人的合法权益，规范商标代理机构的行为，在2013年修改中，专门增加了商标代理机构的规定。根据本条的规定，商标代理机构的义务，包括以下七个方面：

一是遵循诚实信用原则的义务。法律规定商标代理机构遵循诚实信用原则，就是要求商标代理机构在接受委托、办理商标注册申请或者其他商标事宜的过程中，必须意图诚实、善意、讲信用、相互协作、履行义务、信守承诺和法律规定。

二是遵守法律、行政法规的义务。守法是商标代理机构所有活动中都应当承担的基本义务。履行这一义务不仅要求商标代理机构遵守《商标法》的规定，还要遵守所有现行有效的法律、行政法规的规定，如《民法通则》、《合同法》、《商标法实施条例》等的规定。

三是按照委托办理商标注册申请或者其他商标事宜的义务。

四是保密的义务。所谓保密的义务，是指商标代理组织对在代理过程中知悉的被代理人的商业秘密，未经被代理人许可，不得告知他人或者泄露给他人。

五是告知义务。商标代理机构作为办理商标事宜的法律服务机构，具有商标方面的专业知识，熟悉商标事宜的办理业务，了解法律规定商标不得注册的情形。为使委托人在清楚了解相关情形的基础上，作出是否委托商标代理机构办理注册申请的决定，避免委托人产生不必要的损失，规定了该义务。

六是业务禁止的义务。对于知道或者应当知道委托人申请注册的商标属于恶意抢注他人商标或者侵犯他人在先权利的，商标代理机构不得接受委托。

七是不得自行申请注册商标的义务。为防止商标代理机构利用其业务上的优势，自己恶意抢注他人商标牟利，本条第4款规定，商标代理机构除对其代理服务申请商标注册外，不得申请注册其他商标。

第二十条 商标代理行业组织对会员的管理

商标代理行业组织应当按照章程规定，严格执行吸纳会员的条件，对违反行业自律规范的会员实行惩戒。商标代理行业组织对其吸纳的会员和对会员的惩戒情况，应当及时向社会公布。

▶理解与适用

商标代理行业组织，是指商标代理机构在平等、自愿基础上，为增进共同利益、实现共同意愿、维护合法权益，依法组织起来并按照其章程开展活动的非营利性、自律性的社会组织。我国的商标代理行业组织有中华商标协会商标代理分会、各地的商标协会商标代理分会等。

[商标代理行业组织的责任]

商标代理行业组织的责任，包括以下三个方面：

一是按照章程规定严格执行吸纳会员的条件。商标代理行业组织只能将符合其章程规定条件的商标代理机构，吸纳为其会员，而不能滥竽充数，将不符合其章程规定条件的商标代理机构吸纳为其会员。

二是按照章程规定对违反行业自律规范的会员实行惩戒。

三是及时向社会公布吸纳的会员和对会员的惩戒情况。所谓向社会公布，是指通过某种方式告知广大社会公众，使广大社会公众知晓。向社会公布的方式包括在报纸、杂志、网络上刊登，在广播、电视上播放等。

第二十一条　商标国际注册

商标国际注册遵循中华人民共和国缔结或者参加的有关国际条约确立的制度，具体办法由国务院规定。

▶理解与适用

商标国际注册，包括以下两个方面的内容：

一是遵循我国缔结或者参加的有关国际条约确立的制度。我国自然人、法人进行商标国际注册，应当遵循我国已经参加的《商标国际注册马德里协定》和《商标国际注册马德里协定有关议定书》，以及将来缔结或者参加的有关国际条约确立的制度。

二是商标国际注册的具体办法由国务院规定。商标国际注册涉及国际条约的履行、当事人权利的保护等一系列问题，法律不可能对此一一作出详尽的规定。为此，商标法专门授权国务院对商标国际注册的具体办法作出规定。

第二章　商标注册的申请

第二十二条　商标注册申请的提出

商标注册申请人应当按规定的商品分类表填报使用商标的商品类别和商品名称，提出注册申请。

商标注册申请人可以通过一份申请就多个类别的商品申请注册同一商标。

商标注册申请等有关文件，可以以书面方式或者数据电文方式提出。

▶理解与适用

根据于2012年1月1日起执行的《商标注册用商品和服务国际分类》第十版的规定，目前，商标注册用商品和服务共分45类，其中商品34类，服务项目11类，共包含一万多个商品和服务项目。

允许通过一份申请就多个类别的商品申请注册同一商标，不仅可以进一步减少当事人办理手续的时间，还能节约当事人申请商标的经济成本。

数据电文是指以电子、光学、磁或者类似手段生成、发送、接收或者存储的信息。常见的电子邮件、电子文档等都属于数据电文。提交商标网上申请的，应当通过商标局指定网站按照商标局规定的文件格式、数据标准、操作规范和传输方式提交申请文件。

▶条文参见

《商标法实施条例》第8－12条；《出口商品商标管理办法》；《商标注册用商品和服务国际分类》（第十版）

第二十三条　注册申请的另行提出

注册商标需要在核定使用范围之外的商品上取得商标专用权的，应当另行提出注册申请。

▶理解与适用

“核定使用范围”，是指商标局核准的商标注册文件中列明的商品类别和商品范围。

第二十四条　注册申请的重新提出

注册商标需要改变其标志的，应当重新提出注册申请。

▶理解与适用

［为什么注册商标改变标志后需重新提出注册申请?］

商标标志既包括平面标志，也包括立体标志。改变商标标志，既包括平面商标的标志如文字、图形、字母、数字等，也包括了立体商标所使用的三维标志。这些标志都是商标专用权的客体部分，在经过法定程序获得商标专用权之后，这些客体部分是不允许改变的。如果作了改变，那么改变后的商标就不再能按原有的注册商标使用，这是法律上的一个限制条件，也是商标是否合法使用的一条界线。所以改变标志后的商标不能按原有注册商标使用，合法的途径是重新提出注册申请，重新注册新的商标，取得商标使用权。

第二十五条 优先权及其手续

商标注册申请人自其商标在外国第一次提出商标注册申请之日起六个月内，又在中国就相同商品以同一商标提出商标注册申请的，依照该外国同中国签订的协议或者共同参加的国际条约，或者按照相互承认优先权的原则，可以享有优先权。

依照前款要求优先权的，应当在提出商标注册申请的时候提出书面声明，并且在三个月内提交第一次提出的商标注册申请文件的副本；未提出书面声明或者逾期未提交商标注册申请文件副本的，视为未要求优先权。

▶理解与适用

商标法规定的商标注册申请优先权的实质内容是，以某一个商标注册申请人在一成员国为一项商标提出的正式申请为基础，在一定期间内同一申请人可以在其他各成员国申请对该商标的保护，这些在后的申请被认为是与第一次申请同一天提出的。这项关于优先权的规定，对于意欲在多个国家得到保护的申请人，是会有许多实际利益的。

在提出商标注册申请的时候，提出要求优先权的书面声明，三个月内提交第一次提出的商标注册申请文件的副本，以保障优先权的行使。

第二十六条 国际展览会中的临时保护

商标在中国政府主办的或者承认的国际展览会展出的商品上首次使用的，自该商品展出之日起六个月内，该商标的注册申请人可以享有优先权。

依照前款要求优先权的，应当在提出商标注册申请的时候提出书面声明，并且在三个月内提交展出其商品的展览会名称、在展出商品上使用该商标的证据、展出日期等证明文件；未提出书面声明或者逾期未提交证明文件的，视为未要求优先权。

▶理解与适用

列入保护的范围为中国政府主办的或者承认的国际展览会，不是由我国政府主办或者我国不予承认的国际展览会上展出的商品首次使用的商标不享有临时保护及商标申请优先权。保护对象为在上述国际展览会展出的商品上首次使用的商标，即该商标在国际展览会召开之前没有使用过。保护的内容为自该商品展出之日起六个月内，该商标的注册申请人可以享有优先权。要求优先权的，应当在提出商标注册申请时提出书面声明，这是要求获得优先权的一项必要程序。在提出商标注册申请和提出要求优先权的书面声明后，三个月内提交法定的有关证明文件，包括展出其商品的展览会名称、在展出商品上使用该商标的证据、展出日期等证明文件。

第二十七条 申报事项和材料的真实、准确、完整

为申请商标注册所申报的事项和所提供的材料应当真实、准确、完整。

▶理解与适用

首先，要求所申报的事项和所提供的材料应当是真实的，

不能有弄虚作假的行为，更不允许捏造事实和欺诈。

其次，要求商标注册申请所申报的事项和所提供的资料应当是准确可靠的，应当是确定的而不能是模糊不清的。

再次，要求商标注册申请所申报的事项和所提供的材料应当是完整的，不能是残缺不全的。

第三章　商标注册的审查和核准

第二十八条　初步审定并公告

对申请注册的商标，商标局应当自收到商标注册申请文件之日起九个月内审查完毕，符合本法有关规定的，予以初步审定公告。

▶理解与适用

商标局对受理的商标注册申请，依照商标法及商标法实施条例的有关规定进行审查，对符合规定或者在部分指定商品上使用商标的注册申请符合规定的，予以初步审定，并予以公告；对不符合规定或者在部分指定商品上使用商标的注册申请不符合规定的，予以驳回或者驳回在部分指定商品上使用商标的注册申请，书面通知申请人并说明理由。

▶条文参见

《商标法实施条例》第 21 条

第二十九条　商标注册申请内容的说明和修正

在审查过程中，商标局认为商标注册申请内容需要说明或者修正的，可以要求申请人做出说明或者修正。申请人未做出说明或者修正的，不影响商标局做出审查决定。

▶理解与适用

商标局认为对商标注册申请内容需要说明或者修正的，申请人应当自收到商标局通知之日起15日内作出说明或者修正。

第三十条 商标注册申请的驳回

申请注册的商标，凡不符合本法有关规定或者同他人在同一种商品或者类似商品上已经注册的或者初步审定的商标相同或者近似的，由商标局驳回申请，不予公告。

▶典型案例指引

某股份有限公司与中华人民共和国国家工商行政管理总局商标评审委员会等商标行政纠纷上诉案（北京市高级人民法院行政判决书〔2009〕高行终字第137号）

案件适用要点：商标近似是指不同商标在文字字形、读音、含义，或者图形的构图及颜色，或者其各要素组合后的整体结构相似，或者其立体形状、颜色组合近似，易使相关公众对商品的来源产生误认或者认为存在某种特定联系。判断商标是否近似，应以相关公众的一般注意力为标准，在比对对象隔离状态下对商标的整体和主要部分进行比对，并应当考虑商标的显著性和知名度。

第三十一条 申请在先原则与使用在先原则

两个或者两个以上的商标注册申请人，在同一种商品或者类似商品上，以相同或者近似的商标申请注册的，初步审定并公告申请在先的商标；同一天申请的，初步审定并公告使用在先的商标，驳回其他人的申请，不予公告。

▶理解与适用

申请在先原则是指两个或者两个以上的申请人，在同一种商品或者类似商品上，以相同或者近似的商标申请注册的，商标局受理最先提出的商标注册申请，对在后的商标注册申请予以驳回。使用在先原则是指两个或者两个以上的申请人，在同一种商品或者类似商品上，以相同或者近似的商标申请注册的，商标局受理最先使用人的商标注册申请。

我国《商标法》采用的是申请在先原则，即两个或者两个以上申请人，在同一种商品或者类似商品上，以相同或者近似的商标申请注册的，由商标局初步审定并公告申请在先的商标。申请在先是根据申请人提出商标注册申请的日期来确定的，商标注册的申请日期以商标局收到申请书件的日期为准。因此应当以商标局收到申请书件的日期作为判定申请在先的标准。同时，对于两个或者两个以上申请人，在同一种商品或者类似商品上，以相同或者近似的商标在同一天申请注册的，由于其申请日期相同，不存在谁申请在先，此时就由商标局初步审定并公告使用在先的商标。

▶典型案例指引

某化学工业有限公司等与中华人民共和国国家工商行政管理总局商标评审委员会商标行政纠纷上诉案（北京市高级人民法院行政判决书〔2006〕高行终字第110号）

案件适用要点：根据商标法规定的先申请原则，即对商标注册申请实行的是以先申请为主、先使用为辅的授权原则，只有在法律明确规定的情况下，才能根据在先使用人的申请授予其商标专用权。

第三十二条　在先权利与恶意抢注

申请商标注册不得损害他人现有的在先权利，也不得以不正当手段抢先注册他人已经使用并有一定影响的商标。

▶理解与适用

“申请商标注册不得损害他人现有的在先权利”，是指申请注册的商标不得与他人已经获得的著作权、名称权、外观设计专利权、肖像权、姓名权等权利相冲突。“在先”即他人权利的产生之日早于商标注册申请日。“有一定影响”的商标，是指在一定地域内被一定的人群所知晓的商标，这种商标不同于驰名商标，驰名商标的知名度远远高于前者，保护也强于前者。

［在先权利的例外情况］

将他人享有权利的客体注册商标，本质上是一种侵权行为，侵犯的是在先权利人对其权利客体的专有或专用权。申请人不能因为其侵犯在先权的行为产生所谓的“在后权”。因此即使商标通过了注册，也可以予以撤销。但是这个原则也不是绝对的。出于保护消费者利益，维护社会生活秩序稳定，促使权利人积极行使权利的目的考虑，法律规定如果自商标注册之日起5年内在先权人不主张撤销，则丧失了要求撤销的权利。实践中有的在先权人明知他人将其在先权保护的客体拿去注册商标但不加以理会，等到商标使用人通过自己的经营，使得该商标广为公众所知，具有了极高的价值之后，才出来以撤销该商标为威胁向商标使用人要求高额许可费，这无疑对商标使用人有失公平，而此时如果允许撤销，也会对市场秩序产生影响。为了抑制这种情况的发生，避免商标使用人的权利长期处于不稳定状态，法律规定了在先权人享有撤销权的期间。这其实是知识产权的利益平衡原则在商标法上的一个具体体现。

▶典型案例指引

1. 国家工商行政管理总局商标评审委员会等与某贸易公司商标复审异议裁决纠纷上诉案（北京市高级人民法院行政判决书〔2005〕高行终字第201号）

案件适用要点：根据《商标法》第32条规定，所谓“他人已经使用并有一定影响的商标”是指他人在生产经营活动中实际使用过的商标，其中“使用”应为实际使用，“商标”则应是在商品中能够起到区别商品来源的功能并实际使用于商品的标志。

2. 北京某美容科技开发有限公司与沈阳某美容有限公司商标争议行政纠纷上诉案（北京市高级人民法院行政判决书〔2006〕高行终字第189号）

案件适用要点：《商标法》第32条中的“在先权利”应该包括专利权、著作权、企业名称权、肖像权、知名商品特有包装或者装潢使用权等，不包括商标权本身。

第三十三条 商标异议和商标的核准注册

对初步审定公告的商标，自公告之日起三个月内，在先权利人、利害关系人认为违反本法第十三条第二款和第三款、第十五条、第十六条第一款、第三十条、第三十一条、第三十二条规定的，或者任何人认为违反本法第十条、第十一条、第十二条规定的，可以向商标局提出异议。公告期满无异议的，予以核准注册，发给商标注册证，并予公告。

▶理解与适用

［异议］

异议是指在先权利人、利害关系人对商标局初步审定予以公告的商标，提出反对注册的意见。即商标局受理商标注册申请后，根据商标法的规定进行审查。将符合注册条件的商标注册申请进行公告，让在先权利人、利害关系人对该商标的注册提出意见。

▶条文参见

《商标法实施条例》第24－28条；《驰名商标认定和保护规定》第5条

第三十四条　驳回商标申请的复审

对驳回申请、不予公告的商标，商标局应当书面通知商标注册申请人。商标注册申请人不服的，可以自收到通知之日起十五日内向商标评审委员会申请复审。商标评审委员会应当自收到申请之日起九个月内做出决定，并书面通知申请人。有特殊情况需要延长的，经国务院工商行政管理部门批准，可以延长三个月。当事人对商标评审委员会的决定不服的，可以自收到通知之日起三十日内向人民法院起诉。

►条文参见

《商标法实施条例》第21条

►典型案例指引

某（美国）股份有限公司不服商标驳回复审决定诉国家工商行政管理总局商标评审委员会案（北京市高级人民法院行政判决书〔2006〕高行终字第102号）

案件适用要点：在申请注册商标复审期间对申请商标指定使用商品的限制，从本质上改变了原指定使用商品的功能、用途等特点，也改变了指定使用商品的类似关系，因此，该限制属于新的商标申请。

第三十五条　商标异议的处理

对初步审定公告的商标提出异议的，商标局应当听取异议人和被异议人陈述事实和理由，经调查核实后，自公告期满之日起十二个月内做出是否准予注册的决定，并书面通知异议人和被异议人。有特殊情况需要延长的，经国务院工商行政管理部门批准，可以延长六个月。

商标局做出准予注册决定的，发给商标注册证，并予公告。异议人不服的，可以依照本法第四十四条、第四十五条的规定向商标评审委员会请求宣告该注册商标无效。

商标局做出不予注册决定，被异议人不服的，可以自收到通知之日起十五日内向商标评审委员会申请复审。商标评审委员会应当自收到申请之日起十二个月内做出复审决定，并书面通知异议人和被异议人。有特殊情况需要延长的，经国务院工商行政管理部门批准，可以延长六个月。被异议人对商标评审委员会的决定不服的，可以自收到通知之日起三十日内向人民法院起诉。人民法院应当通知异议人作为第三人参加诉讼。

商标评审委员会在依照前款规定进行复审的过程中，所涉及的在先权利的确定必须以人民法院正在审理或者行政机关正在处理的另一案件的结果为依据的，可以中止审查。中止原因消除后，应当恢复审查程序。

▶理解与适用

［商标异议的处理程序］

异议的处理程序为：

（一）商标局听取陈述、调查核实

商标局在收到异议人提出的异议后，会将异议人的《商标异议书》交被异议人，限其在规定期限内答辩，并对双方所陈述的事实和理由进行调查核实，然后作出异议成立或者不成立的裁定。

（二）商标局做出是否准予注册的决定

商标局在听取异议人和被异议人陈述事实和理由并经调查核实后，应当自公告期满之日起十二个月内做出是否准予注册的决定，并书面通知异议人和被异议人。有特殊情况需要延长的，经国务院工商行政管理部门批准，可以延长六个月。商标局做出准予注册决定的，发给被异议人商标注册证，并予以公告。

（三）异议人不服可以依法请求宣告该注册商标无效

异议人对商标局准予注册的决定不服的，可以依照《商标法》第 44 条、第 45 条的规定向商标评审委员会请求宣告该注册商标无效。

（四）被异议人不服可以依法申请复审

被异议人对商标局不予注册的决定不服的，可以自收到通知之日起十五日内向商标评审委员会申请复审。商标评审委员会应当自收到复审申请之日起十二个月内做出复审决定，并书面通知异议人和被异议人。有特殊情况需要延长的，经国务院工商行政管理部门批准，可以延长六个月。被异议人对商标评审委员会的决定不服的，可以自收到通知之日起三十日内向人民法院起诉。被异议人向人民法院起诉时，被告是商标评审委员会，人民法院在受理案件后，应当通知异议人作为第三人参加诉讼。

（五）复审程序的中止

由于商标评审委员会审查的商标争议案件，有一些是当事人以侵犯其外观设计专利权、著作权等在先权利为由提起的，如果对所涉及的在先权利存在争议，正在人民法院审理或者有关行政机关处理过程中，商标评审委员会就需要在人民法院或者有关行政机关对相关在先权利争议案件作出判决或者处理决定后，再进行复审。

▶**典型案例指引**

某有限公司与中华人民共和国国家工商行政管理总局商标评审委员会商标行政纠纷上诉案（北京市高级人民法院行政判决书〔2009〕高行终字第 431 号）

案件适用要点：根据《商标法》第 35 条规定，是否提起复审，是法律赋予当事人的权利。当事人不行使该权利，就意味着当事人放弃该权利，并同意接受由此产生的法律后果。

第三十六条　有关决定的生效及效力

法定期限届满，当事人对商标局做出的驳回申请决定、不予注册决定不申请复审或者对商标评审委员会做出的复审决定不向人民法院起诉的，驳回申请决定、不予注册决定或者复审决定生效。

经审查异议不成立而准予注册的商标，商标注册申请人取得商标专用权的时间自初步审定公告三个月期满之日起计算。自该商标公告期满之日起至准予注册决定做出前，对他人在同一种或者类似商品上使用与该商标相同或者近似的标志的行为不具有追溯力；但是，因该使用人的恶意给商标注册人造成的损失，应当给予赔偿。

▶理解与适用

根据《最高人民法院关于专利、商标等授权确权类知识产权行政案件审理分工的规定》，不服国务院工商行政管理部门商标评审委员会作出的商标复审决定和裁定的案件，由北京市有关中级人民法院、北京市高级人民法院和最高人民法院知识产权审判庭审理。

▶条文参见

《商标法实施条例》第28条

第三十七条　及时审查原则

对商标注册申请和商标复审申请应当及时进行审查。

第三十八条　商标申请文件或注册文件错误的更正

商标注册申请人或者注册人发现商标申请文件或者注册文件有明显错误的，可以申请更正。商标局依法在其职权范围内作出更正，并通知当事人。

前款所称更正错误不涉及商标申请文件或者注册文件的实质性内容。

▶理解与适用

本条在规定商标注册申请人或者注册人可以申请更正商标申请文件或者注册文件中的明显错误的同时，又规定这种更正不能涉及商标申请文件或者注册文件的实质性内容。因为如果涉及实质性的内容，比如对商标构成要素进行更正，实际上是将原商标变成一个新的商标。在这种情况下就应当重新提出商标注册申请，在申请日期上就不能沿用原来商标申请的日期。是否准予注册，还要由商标局依法进行审查。

第四章　注册商标的续展、变更、转让和使用许可

第三十九条　注册商标的有效期限

注册商标的有效期为十年，自核准注册之日起计算。

第四十条　续展手续的办理

注册商标有效期满，需要继续使用的，商标注册人应当在期满前十二个月内按照规定办理续展手续；在此期间未能办理的，可以给予六个月的宽展期。每次续展注册的有效期为十年，自该商标上一届有效期满次日起计算。期满未办理续展手续的，注销其注册商标。

商标局应当对续展注册的商标予以公告。

▶理解与适用

本条第 1 款的规定是在原《商标法》第 38 条规定基础上

2013年所作的修改，主要是对商标申请续展的期限由原来的期满前六个月内修改为期满前十二个月内。在此法定期间内未予办理的，还可以给予六个月的宽展期。即在注册商标有效期满后六个月内，原商标注册人仍然可以办理续展手续。

续展手续与商标的初始注册申请不同，它是通过办理续展手续使已经取得的权利继续有效，注册人只要在法律规定的期限内提出申请，交纳规定的费用，就可以依法获准续展注册。从程序的复杂程度和所需时间看，商标注册申请需花一年左右的时间；而办理商标续展手续要简单得多，时间也较短。

办理了续展手续、被予以续展注册的商标，自该商标续展之前一届的有效期满次日起的十年内，都是有效的注册商标，商标注册人继续享有商标专用权，受法律保护。

第四十一条　注册商标的变更

注册商标需要变更注册人的名义、地址或者其他注册事项的，应当提出变更申请。

▶理解与适用

无论是注册人的名义发生了改变，还是注册人的地址或者其他注册事项发生了改变，都需要办理注册商标的变更手续。要提出变更申请，提交变更注册事项申请书，以及有关变更的证明材料，这种申请如果经过商标局的核准，由商标局发给相应的证明，并予以公告。

▶条文参见

《商标法实施条例》第30条

第四十二条　注册商标的转让

转让注册商标的，转让人和受让人应当签订转让协议，并共同向商标局提出申请。受让人应当保证使用该注册商标的商品质量。

转让注册商标的，商标注册人对其在同一种商品上注册的近似的商标，或者在类似商品上注册的相同或者近似的商标，应当一并转让。

对容易导致混淆或者有其他不良影响的转让，商标局不予核准，书面通知申请人并说明理由。

转让注册商标经核准后，予以公告。受让人自公告之日起享有商标专用权。

▶理解与适用

［注册商标的转让程序］

注册商标的转让是指注册商标所有人在法律允许的范围内，将其注册商标转移给他人所有，转让注册商标是注册商标的主体发生变更，转让后的商标所有人不再是原注册人。转让注册商标，需由转让人与受让人签订注册商标转让协议，并共同向商标局提出申请，按有关规定，转让人和受让人应当向商标局交送《转让注册商标申请书》，有关申请手续由受让人办理，受让人必须符合商标法有关商标权利人主体资格的规定，即从事生产、制造、加工、拣选和经销商品或是提供服务的自然人、法人或者其他组织。转让注册商标经商标局核准后，发给受让人相应证明，并予以公告。受让人自公告之日起享有商标专用权。

［注册商标转让的限制］

我国对商标权转让的作法是，商标可以连同也可以不连同商标所属的经营一起转移。允许商标转让与营业相分离，并不意味着转让上的随意性。如果注册商标的转让可能引起不同厂家商品的混淆或商品质量的下降，或转让行为有损于第三人或公众的利益，法律是予以禁止的；转让注册商标的，商标注册人对其在同一种或者类似商品上注册的相同或者近似的商标，应当一并转让；对容易导致混淆或者有其他不良影响的转让，商标局不予核准，书面通知申请人并说明理由。

▶典型案例指引

朱某与国家工商行政管理总局商标局等商标行政纠纷上诉案（北京市高级人民法院行政判决书〔2006〕高行终字第243号）

案件适用要点：向商标局申请办理注册商标转让时，转让人和受让人应当签订转让协议，并共同向商标局提出转让注册商标申请书，转让注册商标申请手续由受让人办理；商标局则负责审核、批准，并予以公告。

第四十三条 注册商标的使用许可

商标注册人可以通过签订商标使用许可合同，许可他人使用其注册商标。许可人应当监督被许可人使用其注册商标的商品质量。被许可人应当保证使用该注册商标的商品质量。

经许可使用他人注册商标的，必须在使用该注册商标的商品上标明被许可人的名称和商品产地。

许可他人使用其注册商标的，许可人应当将其商标使用许可报商标局备案，由商标局公告。商标使用许可未经备案不得对抗善意第三人。

▶理解与适用

［注册商标使用许可的程序］

商标使用许可，是指商标权人将其所有的注册商标使用权分离出一部或全部许可给他人使用，由许可方与被许可方建立商标使用许可关系。注册商标使用许可的程序为：

（一）商标注册人与他人签订商标使用许可合同

商标注册人许可他人使用其注册商标，首先应当与该他人签订商标使用合同。使用许可合同的方式一般包括独占使用许可、排他使用许可和一般使用许可。独占使用许可是指许可人承诺在商标使用许可合同存续期间和地区内放弃自己依法享有的商标专用权。排他使用许可是指在商标使用许可存续期间，除许可人自己依法使用被许可商标外，仅将被许可商标的使用权授予一家被许可人使用，不再将该商标许可给第二家。一般使用许可是指不仅许可人自己可以使用该注册商标，也可以将被许可商标许可给多家使用。许可使用合同也可以分为完全使用许可和部分使用许可。前者是指被许可人可以在所有注册的商品上使用该商标；后者是指被许可人只能在部分注册商品上使用该商标。

（二）许可人将其商标使用许可备案

商标注册人与他人签订商标使用许可合同后，应当将其商标使用许可报商标局备案。商标使用许可未经备案的，不得对抗善意第三人。

（三）商标局公告商标使用许可

许可人将其商标使用许可报商标局备案后，商标局在《商标公告》上刊登商标使用许可合同备案公告。

▶条文参见

《商标法实施条例》第43、44条；《出口商品商标管理办法》第5条；《商标纠纷解释》第3条；《最高人民法院关于商标侵权纠纷中注册商标排他使用许可合同的被许可人是否有权单独提起诉讼问题的函》

▶典型案例指引

某企业集团与深圳市某大药房连锁有限公司等商标侵权纠纷上诉案（广东省高级人民法院民事判决书〔2006〕粤高法民三终字第280号）

案件适用要点：商标许可使用应当经过一定的法定手续和程序，是一种明示的行为，而不应是“商标权人明知的，但又不提出异议”的默认行为。

第五章 注册商标的无效宣告

第四十四条 注册不当的商标

已经注册的商标，违反本法第十条、第十一条、第十二条规定的，或者是以欺骗手段或者其他不正当手段取得注册的，由商标局宣告该注册商标无效；其他单位或者个人可以请求商标评审委员会宣告该注册商标无效。

商标局做出宣告注册商标无效的决定，应当书面通知当事人。当事人对商标局的决定不服的，可以自收到通知之日起十五日内向商标评审委员会申请复审。商标评审委员会应当自收到申请之日起九个月内做出决定，并书面通知当事人。有特殊情况需要延长的，经国务院工商行政管理部门批准，可以延长三个月。当事人对商标评审委员会的决定不服的，可以自收到通知之日起三十日内向人民法院起诉。

其他单位或者个人请求商标评审委员会宣告注册商标无效的，商标评审委员会收到申请后，应当书面通知有关当事人，并限期提出答辩。商标评审委员会应当自收到申请之日起九个月内做出维持注册商标或者宣告注册商标无效的裁定，并书面通知当事人。有特殊情况需要延长的，经国务院工商行政管理部门批准，可以延长三个月。当事人对商标评审委员会的裁定不服的，可以自收到通知之日起三十日内向人民法院起诉。人民法院应当通知商标裁定程序的对方当事人作为第三人参加诉讼。

▶理解与适用

[由商标局宣告注册商标无效的程序]

对依法不得作为商标使用、注册但已经注册的商标，或者以非法手段取得注册的商标，由商标局宣告注册商标无效。商标局宣告注册商标无效的程序是：

1. 商标局做出宣告注册商标无效的决定，并书面通知当事人。

2. 当事人对商标局的决定不服的，可以自收到通知之日起15 日内向商标评审委员会申请复审。

3. 商标评审委员会应当自收到申请之日起 9 个月内做出决定，并书面通知当事人。如有特殊情况，需要延长复审期限的，经国务院工商行政管理部门批准，可以延长 3 个月。

4. 当事人对商标评审委员会的决定不服的，可以自收到通知之日起 30 日内向人民法院起诉。

[由商标评审委员会宣告注册商标无效的程序]

其他单位或者个人认为已经注册的商标，为依法不得作为商标使用、注册的商标，或者是以非法手段取得注册的，可以请求商标评审委员会宣告该注册商标无效。其他单位或者个人请求宣告注册商标无效的程序是：

1. 其他单位或者个人向商标评审委员会提出申请。

2. 商标评审委员会收到申请后，应当书面通知有关当事人，并限期提出答辩。

3. 商标评审委员会应当自收到申请之日起 9 个月内做出维持注册商标或者宣告注册商标无效的裁定，并书面通知当事人。如有特殊情况需要延长期限的，经国务院工商行政管理部门批准，可以延长 3 个月。

4. 当事人对商标评审委员会的裁定不服的，可以自收到通知之日起 30 日内向人民法院起诉。人民法院在受理起诉后，应当通知商标裁定程序的对方当事人作为第三人参加诉讼。

第四十五条 违法损害他人合法权益的注册商标

已经注册的商标，违反本法第十三条第二款和第三款、第十五条、第十六条第一款、第三十条、第三十一条、第三十二条规定的，自商标注册之日起五年内，在先权利人或者利害关系人可以请求商标评审委员会宣告该注册商标无效。对恶意注册的，驰名商标所有人不受五年的时间限制。

商标评审委员会收到宣告注册商标无效的申请后，应当书面通知有关当事人，并限期提出答辩。商标评审委员会应当自收到申请之日起十二个月内做出维持注册商标或者宣告注册商标无效的裁定，并书面通知当事人。有特殊情况需要延长的，经国务院工商行政管理部门批准，可以延长六个月。当事人对商标评审委员会的裁定不服的，可以自收到通知之日起三十日内向人民法院起诉。人民法院应当通知商标裁定程序的对方当事人作为第三人参加诉讼。

商标评审委员会在依照前款规定对无效宣告请求进行审查的过程中，所涉及的在先权利的确定必须以人民法院正在审理或者行政机关正在处理的另一案件的结果为依据的，可以中止审查。中止原因消除后，应当恢复审查程序。

▶理解与适用

［违法损害他人合法权益的注册商标无效宣告的程序］

注册商标存在有违反《商标法》第 13 条第 2 款和第 3 款、第 15 条、第 16 条第 1 款、第 30 条、第 31 条、第 32 条规定情形的，属违法损害他人合法权益的注册商标，其宣告无效的程序为：

1. 由在先权利人或者利害关系人向商标评审委员会请求宣告该注册商标无效，在先权利人或者利害关系人请求商标评审委员会宣告注册商标无效的时期期限，为自商标注册之日起 5 年内。同时，对驰名商标的恶意注册，不仅损害他人的合法权益，而且也会损害消费者的合法权益，为此，驰名商标所有人不受 5 年的时间限制。

2. 商标评审委员会书面通知有关当事人。商标评审委员会在收到宣告注册商标无效的申请后，应当书面通知有关当事人，并限期提出答辩。有关当事人应当在商标评审委员会规定的期限内，提出答辩意见。

3. 审查程序的中止。商标评审委员会在审查的过程中，如果出现所涉及的在先权利的确定，必须以人民法院正在审理或者行政机关正在处理的另一案件的结果为依据的情形的，则可以中止审查。待中止原因消除后，则应当恢复审查程序，继续进行审查。

4. 商标评审委员会做出裁定。商标评审委员会应当自收到申请之日起 12 个月内做出维持注册商标或者宣告注册商标无效的裁定，并书面通知当事人。如有特殊情况需要延长期限的，经国务院工商行政管理部门批准，可以延长 6 个月。

5. 当事人对商标评审委员会的裁定不服的，可以自收到通知之日起 30 日内向人民法院起诉。商标评审委员会的裁定，分为维持注册商标的裁定和宣告注册商标无效的裁定两种。当事人向人民法院起诉，人民法院受理后，应当通知商标裁定程序的对方当事人作为第三人参加诉讼。

▶**典型案例指引**

1. 秦皇岛市某肠子食品有限公司与国家工商行政管理总局商标评审委员会商标行政纠纷上诉案（北京市高级人民法院行政判决书〔2008〕高行终字第 44 号）

案件适用要点：我国商标法及其实施条例规定，在先申请注册的商标注册人认为他人在后申请注册的商标与其在同一种或者类似商品上的注册商标相同或者近似的，可以在后一商标被核准注册之日起 5 年内，向商标评审委员会申请宣告该注册商标无效。

2. （香港）某粮食有限公司与国家工商行政管理总局商标评审委员会商标行政纠纷上诉案（北京市高级人民法院行政判决书〔2006〕高行终字第 185 号）

案件适用要点：《商标法》第 45 条规定，申请裁定注册商标争议的，应当自被争议商标注册之日起 5 年内提出。从该条的立法本意看，5 年的时限是出于保护商标注册利害关系人的正当利益，并考虑保证注册商标的稳定性和商标权人的正当利益而确定的，为不变期间。

第四十六条 注册商标无效的其他情形

法定期限届满，当事人对商标局宣告注册商标无效的决定不申请复审或者对商标评审委员会的复审决定、维持注册商标或者宣告注册商标无效的裁定不向人民法院起诉的，商标局的决定或者商标评审委员会的复审决定、裁定生效。

第四十七条 注册商标无效宣告的法律后果

依照本法第四十四条、第四十五条的规定宣告无效的注册商标，由商标局予以公告，该注册商标专用权视为自始即不存在。

宣告注册商标无效的决定或者裁定，对宣告无效前人民法院做出并已执行的商标侵权案件的判决、裁定、调解书和工商行政管理部门做出并已执行的商标侵权案件的处理决定以及已经履行的商标转让或者使用许可合同不具有追溯力。但是，因商标注册人的恶意给他人造成的损失，应当给予赔偿。

依照前款规定不返还商标侵权赔偿金、商标转让费、商标使用费，明显违反公平原则的，应当全部或者部分返还。

▶理解与适用

注册商标宣告无效，其商标专用权在法律上被认为是从来没有存在过。换言之，宣告注册商标无效，就是宣告注册商标从注册时起就无效，即在法律上不承认该注册商标专用权的存在或者曾经存在。但宣告注册商标无效的决定或者裁定，对以下事项不具有追溯力：一是人民法院做出并已执行的商标侵权案件的判决、裁定、调解书，二是工商行政管理部门做出并已执行的商标侵权案件的处理决定，三是已经履行的商标转让合同，四是已经履行的商标使用许可合同。对上述4类事项，已经执行的，不得以注册商标已经被宣告无效为由，要求恢复到原来的状况。但是，因商标注册人的恶意给他人造成的损失，则应当给予赔偿。

第六章　商标使用的管理

第四十八条　商标的使用

本法所称商标的使用，是指将商标用于商品、商品包装或者容器以及商品交易文书上，或者将商标用于广告宣传、展览以及其他商业活动中，用于识别商品来源的行为。

▶典型案例指引

甲国际有限公司诉佛山市乙陶瓷有限公司等侵害商标权及不正当竞争纠纷案（上海市高级人民法院（2011）沪高民三（知）终字第93号）

案件适用要点： 在网站、宣传手册以及销售凭证上使用与他人驰名商标近似的标识，会吸引公众的注意力，使相关公众产生误认，从而减弱他人驰名商标的显著性，使驰名商标权利人的利益可能受到损害，上述行为构成对他人驰名商标专用权的侵害。将他人驰名品牌与自己的产品相提并论的宣传方式，主观上具有借助他人商誉宣传自己产品并提高自身产品知名度的故意，违反了诚实信用的原则以及公认的商业道德，构成不正当竞争。

第四十九条　违法使用注册商标

商标注册人在使用注册商标的过程中，自行改变注册商标、注册人名义、地址或者其他注册事项的，由地方工商行政管理部门责令限期改正；期满不改正的，由商标局撤销其注册商标。

注册商标成为其核定使用的商品的通用名称或者没有正当理由连续三年不使用的，任何单位或者个人可以向商标局申请撤销该注册商标。商标局应当自收到申请之日起九个月内做出决定。有特殊情况需要延长的，经国务院工商行政管理部门批准，可以延长三个月。

▶理解与适用

［因违法使用注册商标而致其撤销的程序］

根据本条的规定，注册商标的撤销程序，因构成要件的不同而有所区别：

一是因自行改变注册事项而导致撤销的程序。

按照本条第 1 款的规定，商标注册人因“自行改变”注册商标、注册人名义、地址或者其他注册事项的，先由地方工商行政管理部门责令限期改正。在地方工商行政管理部门限定的期限内，当事人及时改正的，不撤销其注册商标。在地方工商行政管理部门限定的期限内，当事人不改正的，期限届满则由商标局撤销其注册商标。

二是因注册商标成为商品通用名称或者连续 3 年不使用而导致的撤销程序。

按照本条第 2 款的规定，因注册商标成为其核定使用的商品的通用名称的，或者没有正当理由连续三年不使用的，其撤销程序为：

第一，任何单位或者个人，都可以向商标局提出申请，请求撤销该注册商标。

第二，商标局收到撤销申请以后，应当在收到撤销申请之日起 9 个月内做出决定。有特殊情况需要延长时限的，经国务院工商行政管理部门批准，可以延长 3 个月。

▶条文参见

《商标法实施条例》第 65－67 条

▶典型案例指引

法国卡斯特兄弟股份有限公司诉中华人民共和国商标评审委员会、第三人李道之商标撤销复审行政纠纷案（最高人民法院（2010）知行字第55号）

案件适用要点：《商标法》规定注册商标连续3年不使用撤销制度的立法目的在于激活商标资源，清理闲置商标，撤销只是手段，而不是目的。只要在商业活动中公开、真实地使用了注册商标，且注册商标的使用行为本身没有违反商标法律规定，则注册商标权利人已经尽到法律规定的使用义务。使用争议商标有关的其他经营活动中是否违反其他方面的法律规定，并非《商标法》所要规范和调整的问题。

第五十条　对被撤销、宣告无效或者注销的商标的管理

注册商标被撤销、被宣告无效或者期满不再续展的，自撤销、宣告无效或者注销之日起一年内，商标局对与该商标相同或者近似的商标注册申请，不予核准。

▶理解与适用

因商标注册人不遵守注册商标使用的规定而被撤销的注册商标，或者是注册商标因违反本法相关规定由商标局、商标评审委员会宣告无效，或者是注册有效期满未续展而被注销的商标，其商标专用权已经消灭。但是为了防止发生商品出处的混淆，本条规定，注册商标被撤销、被宣告无效或者期满不再续展的，自撤销、宣告无效或者注销之日起一年内，商标局对与该商标相同或者近似的商标注册申请，不予核准。这样规定并不是仍要保护已被撤销或注销的商标的权利，而是完全为了维护市场秩序和保护消费者的利益，以免造成不必要的误会和损失。

▶条文参见

《商标法实施条例》第74条

第五十一条 对必须使用注册商标的商品的管理

违反本法第六条规定的，由地方工商行政管理部门责令限期申请注册，违法经营额五万元以上的，可以处违法经营额百分之二十以下的罚款，没有违法经营额或者违法经营额不足五万元的，可以处一万元以下的罚款。

▶理解与适用

违反商标法有关强制商标注册管理规定的，由地方工商行政管理部门责令限期申请注册，即责令法律、行政法规规定必须使用注册商标的商品的生产经营者，在限定的期限内，申请商标注册。同时，可以给予罚款处罚。至于罚款处罚的数额，根据以下两种情况予以分别确定：一是没有违法经营额或者违法经营额不足 5 万元的，可以处 1 万元以下的罚款。二是违法经营额 5 万元以上的，可以处违法经营额 20% 以下的罚款。

第五十二条 对未注册商标的管理

将未注册商标冒充注册商标使用的，或者使用未注册商标违反本法第十条规定的，由地方工商行政管理部门予以制止，限期改正，并可以予以通报，违法经营额五万元以上的，可以处违法经营额百分之二十以下的罚款，没有违法经营额或者违法经营额不足五万元的，可以处一万元以下的罚款。

▶理解与适用

“未注册商标”是指未经商标局核准注册而直接在商品上使用的商标。它虽是商标的一种，但是由于它未经注册，没有取得商标专用权。

本条规定中的“冒充注册商标”，是指使用未注册商标而标称注册商标或者擅自在商品上标注“注册商标”或者注册标记的行为。

▶**典型案例指引**

王碎永诉深圳歌力思服饰股份有限公司、杭州银泰世纪百货有限公司侵害商标权纠纷案（最高人民法院指导案例82号）

案件适用要点：当事人违反诚实信用原则，损害他人合法权益，扰乱市场正当竞争秩序，恶意取得、行使商标权并主张他人侵权的，人民法院应当以构成权利滥用为由，判决对其诉讼请求不予支持。

第五十三条　违反驰名商标使用的规定

违反本法第十四条第五款规定的，由地方工商行政管理部门责令改正，处十万元罚款。

第五十四条　对撤销或不予撤销注册商标决定的复审

对商标局撤销或者不予撤销注册商标的决定，当事人不服的，可以自收到通知之日起十五日内向商标评审委员会申请复审。商标评审委员会应当自收到申请之日起九个月内做出决定，并书面通知当事人。有特殊情况需要延长的，经国务院工商行政管理部门批准，可以延长三个月。当事人对商标评审委员会的决定不服的，可以自收到通知之日起三十日内向人民法院起诉。

第五十五条　撤销注册商标决定的生效

法定期限届满，当事人对商标局做出的撤销注册商标的决定不申请复审或者对商标评审委员会做出的复审决定不向人民法院起诉的，撤销注册商标的决定、复审决定生效。

被撤销的注册商标，由商标局予以公告，该注册商标专用权自公告之日起终止。

第七章　注册商标专用权的保护

第五十六条　注册商标专用权的保护范围

注册商标的专用权，以核准注册的商标和核定使用的商品为限。

▶典型案例指引

1. 厦门某椅业有限公司与广州市某椅业公司商标侵权纠纷上诉案（广东省高级人民法院民事判决书〔2005〕粤高法民三终字第276号）

案件适用要点： 据我国《商标法》的规定，注册商标专用权，以核准注册的商标和核定使用的商品为限。因此，注册商标的专用权范围是明确的，即商标注册人在核定使用的商品上对其核准注册的商标享有独家使用的权利。但同时我国《商标法》以及《商标法实施条例》相关条文也规定，未经商标权人许可在相同或类似商品上使用相同或近似商标的行为、伪造商标标识等行为，属于商标侵权行为。即商标权人除享有法律规定的专用权外，在一定范围还享有禁止他人使用的权利。

2. 联友卤制品厂诉柏代娣商标侵权纠纷案（《中华人民共和国最高人民法院公报》2005年第8期）

案件适用要点： 生产者在商品包装上标明的实际产地，虽然与相同或者类似商品的注册商标中含有的地名相同，但不会造成消费者对商品的混淆、误认的，属于《商标法实施条例》第49条规定的正当使用。

第五十七条　商标侵权行为

有下列行为之一的，均属侵犯注册商标专用权：

（一）未经商标注册人的许可，在同一种商品上使用与其注册商标相同的商标的；

（二）未经商标注册人的许可，在同一种商品上使用与其注册商标近似的商标，或者在类似商品上使用与其注册商标相同或者近似的商标，容易导致混淆的；

（三）销售侵犯注册商标专用权的商品的；

（四）伪造、擅自制造他人注册商标标识或者销售伪造、擅自制造的注册商标标识的；

（五）未经商标注册人同意，更换其注册商标并将该更换商标的商品又投入市场的；

（六）故意为侵犯他人商标专用权行为提供便利条件，帮助他人实施侵犯商标专用权行为的；

（七）给他人的注册商标专用权造成其他损害的。

▶理解与适用

［如何理解侵犯注册商标专用权的行为？］

对于本条规定的侵犯注册商标专用权的7种行为，可以从其行为表现、实际危害等方面来理解：

1. 未经商标注册人的许可，在同一种商品上使用与其注册商标相同的商标的行为。这种行为是比较典型的侵犯注册商标专用权的行为，也就是通常所说的“假冒”行为。其后果是混淆商品出处，误导消费者，损害商标注册人的合法权益和消费者的利益。

2. 未经商标注册人的许可，在同一种商品上使用与其注册商标近似的商标，或者在类似商品上使用与其注册商标相同或者近似的商标，容易导致混淆的行为。这也是比较常见的侵犯注册商标专用权的行为。其后果是混淆商品出处，误导消费者，损害商标注册人的合法权益和消费者的利益。

3. 销售侵犯注册商标专用权的商品的行为。通常发生在流通环节，也是一种较为常见的商标侵权行为。在现实生活中，侵犯注册商标专用权的商品，有的是生产者自行销售，有的要通过他人进行销售。其后果也是混淆商品出处、侵犯注册商标专用权、损害消费者利益。

4. 伪造、擅自制造他人注册商标标识或者销售伪造、擅自制造的注册商标标识的行为。“伪造”，是指没有经过他人同意或者许可，模仿他人注册商标的图样或者实物，制作出与他人注册商标标识相同的商标标识。“擅自制造”，是指没有经过他人同意或者许可，制作他人注册商标标识。销售伪造、擅自制造的注册商标标识的行为，是指采用零售、批发、内部销售等方式，出售伪造或者擅自制造的他人注册商标标识。这类行为直接侵犯了商标注册人的商标专用权。

5. 未经商标注册人同意，更换其注册商标并将该更换商标的商品又投入市场的行为。这类行为，在国外被称为“反向假冒”，即在商品销售活动中，消除商品上的他人商标，然后换上自己的商标，冒充自己的商品进行销售。这种行为既侵犯了商标注册人的合法权益，也侵犯了消费者的知情权，导致消费者对商品的来源产生误认。

6. 故意为侵犯他人商标专用权行为提供便利条件，帮助他人实施侵犯商标专用权行为的。这类行为，是本次修改新增的。主要是指故意为侵犯他人注册商标专用权的行为，提供诸如仓储、运输、邮寄、隐匿等方面的条件，从而帮助他人完成实施侵犯商标专用权的行为。

7. 给他人的注册商标专用权造成其他损害的行为。这是一项兜底性规定，是指上述 6 类行为以外的其他侵犯注册商标专用权的行为。

[如何判断产品促销活动中的商标侵权?]

《最高人民法院关于对 TCL 集团公司在产品促销活动中使

用与汉都公司注册商标相近的“千禧龙”文字是否构成商标侵权请示的批复》（〔2003〕民三他字第4号）规定，判断在产品促销活动中使用与他人注册商标相同或者相近似的文字是否侵犯商标专用权，应当以这种使用行为是否容易造成相关公众对商品和服务的来源产生混淆，是否借用他人注册商标的信誉为自己谋取不正当利益，或者是否对注册商标专用权造成其他损害为标准进行。

由于在产品促销活动中使用与他人注册商标相同或者相近似的文字，不同于在商品和服务中直接使用他人注册商标，因此，在认定是否造成“混淆”、“借用”、“损害”等事实时，应当特别注意：

一、要考虑注册商标的知名度与显著性。商标的显著性，即能够起到区别作用的特性的强弱，是商标侵权判断中确定商标专用权权利范围以及确认是否构成侵权的重要因素之一。知名度高显著性强的商标，被“混淆”、“借用”的可能性就大，而知名度低显著性弱的商标，被“混淆”、“借用”的可能性就小。

二、要对产品促销活动中使用他人商标的具体情形进行分析，如行为人是否将他人商标作为自己的商标或者自己的商品名称使用，是否在使用他人商标的方式、时间等方面容易使相关公众混淆商品或者服务的来源，或者误认商品、服务的提供者存在特殊的关系等。

▶条文参见

《烟草专卖法》第33条；《商标法实施条例》第75－77、80条；《商标纠纷解释》第1、9－12、18条；《商标印制管理办法》

▶典型案例指引

1. 雷茨饭店有限公司诉上海黄浦丽池休闲健身有限公司侵权纠纷案（《中华人民共和国最高人民法院公报》2009年第3期）

案件适用要点：根据《商标法》第57条的规定，未经商标注册人的许可，在同一种商品或者类似商品上使用与其注册商标相同或者近似的商标的，构成侵犯注册商标专用权。根据该法第 4 条的规定，该法关于商品商标的规定，适用于服务商标。判断被控侵权标识与主张权利的注册商标是否构成近似，应在考虑注册商标的显著性、市场知名度的基础上，对比两者文字的音、形、义，图形的构图及颜色，或者文字及图形等各要素的组合等因素，对两者的整体、主体部分等起到主要识别作用的要素进行综合判断，从而得出两者是否易使相关公众产生混淆的结论。类似服务，则是指在服务的目的、内容、方式、对象等方面相同，或者相关公众一般认为存在特定联系、容易造成混淆的服务。据此，行为人未经商标注册人的许可，将近似标识用于与商标注册人提供的服务类似的服务中，易使相关公众产生误认、混淆或认为两者具有特定联系的，其行为构成对注册商标专用权的侵犯。

2. 星源公司、统一星巴克诉上海星巴克、上海星巴克分公司商标侵权及不正当竞争纠纷案（《中华人民共和国最高人民法院公报》2007 年第 6 期）

案件适用要点：将他人驰名商标作为自己的企业字号，足以造成相关公众对商标注册人与企业名称所有人产生误认或者误解的，属于《商标法》第 57 条第（七）项规定的“给他人的注册商标专用权造成其他损害的”行为，依法应当承担侵权责任。

3. 利源公司诉金兰湾公司商标侵权纠纷案（《中华人民共和国最高人民法院公报》2005 年第 10 期）

案件适用要点：商品房销售者在广告宣传中，使用他人注册商标中含有的地名来标注商品房地理位置，没有造成公众对商品房来源产生混淆、误认的，不构成侵犯注册商标专用权。

4. 博内特里公司诉上海梅蒸公司等商标侵权和不正当竞争纠纷案（《中华人民共和国最高人民法院公报》2005 年第 12 期）

案件适用要点：根据《商标法实施条例》第 50 条第（一）

项的规定，商品经营者在同一种或者类似商品上，将与他人注册商标相同字样的标志作为企业名称使用，或者将自己的注册商标拆分成与他人注册商标近似的标志使用，以此误导公众的，属于《商标法》第 57 条第（七）项规定的侵犯注册商标专用权行为。

5. 河北三河福成养牛集团总公司诉哈尔滨福成饮食有限公司昆明分公司侵犯注册商标专用权及不正当竞争纠纷案（《中华人民共和国最高人民法院公报》2008 年第 6 期）

案件适用要点：企业将与他人注册商标相同或相近似的文字作为字号在相同或者类似商品上使用时应遵循诚实信用原则。行为人以攀附他人知名商标，混淆相关公众对于相关商品的认知为目的，随意简化自己的商号在商品上使用的，属于侵犯他人注册商标专用权的行为。

6. 天津狗不理集团有限公司诉济南市大观园商场天丰园饭店侵犯商标专用权纠纷案（《中华人民共和国最高人民法院公报》2008 年第 2 期）

案件适用要点：行为人将与他人已注册的服务商标相同或近似的文字用作其商品名称的，不属于《商标法实施条例》第 54 条规定的情形。如果行为人对该商品名称的使用构成在先使用，且不属于违背商业道德，出于为争夺市场而利用他人已注册的服务商标声誉的主观恶意，故意实施侵权行为的，只要行为人规范使用该商品名称，即不存在侵犯他人已注册的服务商标专用权的问题。但是，如果行为人将该商品名称用于宣传牌匾、墙体广告和指示牌，突出使用该商品名称或将该商品名称与自己的字号割裂开来独立使用，容易使消费者产生误认的，则构成对他人已注册服务商标专用权的侵犯。

7. 成都同德福合川桃片有限公司诉重庆市合川区同德福桃片有限公司、余晓华侵害商标权及不正当竞争纠纷案（最高人民法院指导案例 58 号）

案件适用要点：①与“老字号”无历史渊源的个人或企业

将“老字号”或与其近似的字号注册为商标后，以“老字号”的历史进行宣传的，应认定为虚假宣传，构成不正当竞争。

②与“老字号”具有历史渊源的个人或企业在未违反诚实信用原则的前提下，将“老字号”注册为个体工商户字号或企业名称，未引人误认且未突出使用该字号的，不构成不正当竞争或侵犯注册商标专用权。

第五十八条 不正当竞争

将他人注册商标、未注册的驰名商标作为企业名称中的字号使用，误导公众，构成不正当竞争行为的，依照《中华人民共和国反不正当竞争法》处理。

第五十九条 注册商标专用权人无权禁止行为

注册商标中含有的本商品的通用名称、图形、型号，或者直接表示商品的质量、主要原料、功能、用途、重量、数量及其他特点，或者含有的地名，注册商标专用权人无权禁止他人正当使用。

三维标志注册商标中含有的商品自身的性质产生的形状、为获得技术效果而需有的商品形状或者使商品具有实质性价值的形状，注册商标专用权人无权禁止他人正当使用。

商标注册人申请商标注册前，他人已经在同一种商品或者类似商品上先于商标注册人使用与注册商标相同或者近似并有一定影响的商标的，注册商标专用权人无权禁止该使用人在原使用范围内继续使用该商标，但可以要求其附加适当区别标识。

第六十条 侵犯注册商标专用权的责任

有本法第五十七条所列侵犯注册商标专用权行为之一，引起纠纷的，由当事人协商解决；不愿协商或者协商不成的，商标注册人或者利害关系人可以向人民法院起诉，也可以请求工商行政管理部门处理。

工商行政管理部门处理时，认定侵权行为成立的，责令立即停止侵权行为，没收、销毁侵权商品和主要用于制造侵权商品、伪造注册商标标识的工具，违法经营额五万元以上的，可以处违法经营额五倍以下的罚款，没有违法经营额或者违法经营额不足五万元的，可以处二十五万元以下的罚款。对五年内实施两次以上商标侵权行为或者有其他严重情节的，应当从重处罚。销售不知道是侵犯注册商标专用权的商品，能证明该商品是自己合法取得并说明提供者的，由工商行政管理部门责令停止销售。

对侵犯商标专用权的赔偿数额的争议，当事人可以请求进行处理的工商行政管理部门调解，也可以依照《中华人民共和国民事诉讼法》向人民法院起诉。经工商行政管理部门调解，当事人未达成协议或者调解书生效后不履行的，当事人可以依照《中华人民共和国民事诉讼法》向人民法院起诉。

▶典型案例指引

中山市某贸易有限公司与某电池有限公司侵犯商标权纠纷上诉案（广东省高级人民法院民事判决书〔2005〕粤高法民三终字第381号）

案件适用要点：在商标侵权纠纷相似商标认定中，若当事人仅请求保护商标权的，应当将被控侵权商标与注册商标本身进行比对，而排除其他如外观设计、包装装潢等相似的影响。

第六十一条 对侵犯注册商标专用权的查处

对侵犯注册商标专用权的行为，工商行政管理部门有权依法查处；涉嫌犯罪的，应当及时移送司法机关依法处理。

第六十二条 查处商标侵权行为的职权

县级以上工商行政管理部门根据已经取得的违法嫌疑证据或者举报，对涉嫌侵犯他人注册商标专用权的行为进行查处时，可以行使下列职权：

（一）询问有关当事人，调查与侵犯他人注册商标专用权有关的情况；

（二）查阅、复制当事人与侵权活动有关的合同、发票、账簿以及其他有关资料；

（三）对当事人涉嫌从事侵犯他人注册商标专用权活动的场所实施现场检查；

（四）检查与侵权活动有关的物品；对有证据证明是侵犯他人注册商标专用权的物品，可以查封或者扣押。

工商行政管理部门依法行使前款规定的职权时，当事人应当予以协助、配合，不得拒绝、阻挠。

在查处商标侵权案件过程中，对商标权属存在争议或者权利人同时向人民法院提起商标侵权诉讼的，工商行政管理部门可以中止案件的查处。中止原因消除后，应当恢复或者终结案件查处程序。

▶理解与适用

工商行政管理部门行使查处商标侵权案件的职权，应当符合以下的条件：一是行使职权的主体。行使职权的主体，为“县级以上工商行政管理部门”。二是行使职权的前提。行使职权的前提，为已经取得“违法嫌疑证据”或者接到“举报”。所谓“违法嫌疑证据”，是指能够证明商标侵权行为客观存在的事实，如书证、物证、视听资料等；所谓“举报”，是指商标注册人或者利害关系人以及其他知情人，向工商行政管理部门检举、报告有关侵犯注册商标专用权行为的情况。

[工商行政管理部门可行使的职权]

工商行政管理部门应当依法行政、依法执法，在行使本条规定的职权时，符合上述的两个条件的情况下，方可行使下列职权：

1. 询问、调查权。询问、调查权，是指工商行政管理部门在对涉嫌侵犯他人注册商标专用权的行为进行查处时，有权询问有关当事人，调查与侵犯他人注册商标专用权有关的情况。工商行政管理部门在行使询问、调查权时，既可以到有关当事人的住所、工作场所、生产经营场所进行询问，也可以责令有关当事人到指定场所接受询问，还可以要求当事人将其了解的情况用书面形式提交给工商行政管理部门，甚至可以责令当事人将其掌握的与侵权行为有关的物品、工具、数据等提供给工商行政管理部门。工商行政管理部门在行使询问、调查权时，应当文明、规范，如制作规范的询问笔录，不得限制或者变相限制被询问人的人身自由等。

2. 查阅、复制权。查阅、复制权，是指工商行政管理部门在对涉嫌侵犯他人注册商标专用权的行为进行查处时，有权查阅、复制当事人与侵权活动有关的合同、发票、账簿及其他有关资料。对合同、发票、账簿及其他有关资料进行查阅，可以了解当事人是否实施了商标侵权行为，可以判断商标侵权行为的性质、情节以及危害后果，从而为工商行政管理部门依法作出行政处罚决定等提供依据。对合同、发票、账簿及其他有关资料进行复制，主要是为了保存相关证据。

3. 检查权。检查权，是指工商行政管理部门在对涉嫌侵犯他人注册商标专用权的行为进行查处时，有权检查相关的现场或者物品。检查权可以分为两种：（1）现场检查权，是指工商行政管理部门在对涉嫌侵犯他人注册商标专用权的行为进行查处时，有权对当事人涉嫌从事侵犯他人注册商标专用权活动的场所实施现场检查。涉嫌从事商标侵权活动的场所，既包括涉嫌从事商标侵权行为的生产加工场所或者经营场所，也包括涉嫌从事商标侵权行为的商品或者商标标识的存放场所等。对于涉嫌从事商标侵权活动的场所，工商行政管理部门有权派人进入，开展进行现场检查。（2）物品检查权，是指工商行政管理部门在对涉嫌侵犯他人注册商标专用权的行为进行查处时，有权检查与商标侵权活动有关的物品。与商标侵权活动有关的物品，既包括与侵犯他人注册商标专用权活动有关的产品及其包装、商标标识等，也包括主要用于制造侵权商品、伪造注册商标标识的工具等。

4. 查封、扣押权。查封、扣押物品权，是指工商行政管理部门在对涉嫌侵犯他人注册商标专用权的行为进行查处时，有权查封、扣押有证据证明是侵犯他人注册商标专用权的物品。“查封”，是指对侵权物品采用张贴封条等措施，就地封存，未经许可不得启封、转移或者动用。“扣押”，是指对侵权物品采取移至他处予以扣留封存的措施。工商行政管理部门采取查封、扣押措施，应当具备“有证据证明是侵犯他人注册商标专用权的物品”的条件，即在已经掌握了必要证据的情况下，才能实施查封、扣押，而不能仅凭他人举报只是掌握了初步线索等情况就采取这一措施。这里的“物品”，既包括与商标侵权有关的产品及其包装、商标标识等，也包括主要用于制造侵权商品、伪造注册商标标识的工具等。

第六十三条 侵犯商标专用权的赔偿数额的计算方式

侵犯商标专用权的赔偿数额，按照权利人因被侵权所受到的实际损失确定；实际损失难以确定的，可以按照侵权人因侵权所获得的利益确定；权利人的损失或者侵权人获得的利益难以确定的，参照该商标许可使用费的倍数合理确定。

对恶意侵犯商标专用权，情节严重的，可以在按照上述方法确定数额的一倍以上三倍以下确定赔偿数额。赔偿数额应当包括权利人为制止侵权行为所支付的合理开支。

人民法院为确定赔偿数额，在权利人已经尽力举证，而与侵权行为相关的账簿、资料主要由侵权人掌握的情况下，可以责令侵权人提供与侵权行为相关的账簿、资料；侵权人不提供或者提供虚假的账簿、资料的，人民法院可以参考权利人的主张和提供的证据判定赔偿数额。

权利人因被侵权所受到的实际损失、侵权人因侵权所获得的利益、注册商标许可使用费难以确定的，由人民法院根据侵权行为的情节判决给予三百万元以下的赔偿。

▶**理解与适用**

［如何确定侵犯注册商标专用权的赔偿数额?］

确定侵犯注册商标专用权的赔偿数额，应当根据案件的证据情况和相关标准的明确程度，分为以下三种情况：

（一）赔偿数额的一般确定规则

首先，按“实际损失”确定赔偿数额。即侵犯商标专用权的赔偿数额，按照权利人因被侵权所受到的实际损失确定。按照2002年10月12日《最高人民法院关于审理商标民事纠纷案件适用法律若干问题的解释》的规定，“因被侵权所受到的损失”，可以“根据权利人因侵权所造成商品销售减少量或者侵权商品销售量与该注册商标商品的单位利润乘积计算”。对恶意侵犯商标专用权、情节严重的，可以在按照上述方法确定数额的1倍以上3倍以下确定赔偿数额。此外，在按上述方式确定赔偿数额后，还应当加上注册商标权利人为制止侵权行为所支付的合理开支。所谓“合理开支”，按照《最高人民法院关于审理商标民事纠纷案件适用法律若干问题的解释》的规定，“包括权利人或者委托代理人对侵权行为进行调查、取证的合理费用”，“人民法院根据当事人的诉讼请求和案件具体情况，可以将符合国家有关部门规定的律师费用计算在赔偿范围内”。

其次，按“因侵权所获得的利益”确定赔偿数额。即在注册商标权利人的实际损失难以确定的情况下，可以按照侵权人因侵权所获得的利益确定。按照《最高人民法院关于审理商标民事纠纷案件适用法律若干问题的解释》的规定，“侵权所获得的利益”，可以“根据侵权商品销售量与该商品单位利润乘积计算”，“该商品单位利润无法查明的，按照注册商标商品的单位利润计算”。对恶意侵犯商标专用权、情节严重的，可以在按照上述方法确定数额的1倍以上3倍以下确定赔偿数额。此外，在按上述方式确定赔偿数额后，还应当加上注册商标权利人为制止侵权行为所支付的合理开支。

再次，按“商标许可使用费的倍数”确定赔偿数额。即在权利人的损失或者侵权人获得的利益难以确定的情况下，参照该商标许可使用费的倍数合理确定。对恶意侵犯商标专用权、情节严重的，可以在按照上述方法确定数额的1倍以上3倍以下确定赔偿数额。此外，在按上述方式确定赔偿数额后，还应当加上注册商标权利人为制止侵权行为所支付的合理开支。

（二）侵权人不提供或者提供虚假账簿、资料时赔偿数额的确定规则

很多商标侵权案件的证据由侵权人掌握，侵权人趋利避害，在案件查处和审理中通常会避重就轻，尽量不提供对自己不利的证据。为保证证据的充分展示，还原侵权事实的真相，法律设计了类似举证责任倒置的规则，使掌握主要账簿、资料的侵权人承担相对较重的举证责任，即人民法院为确定赔偿数额，在权利人已经尽力举证，而与侵权行为相关的账簿、资料主要由侵权人掌握的情况下，可以责令侵权人提供与侵权行为相关的账簿、资料；侵权人不提供或者提供虚假的账簿、资料的，人民法院可以参考权利人的主张和提供的

证据判定赔偿数额。所谓“参考”，是指在确定赔偿数额时，以权利人的主张和提供的证据为基础，综合相关因素后确定赔偿数额。

（三）相关参考标准难以确定时赔偿数额的确定规则

商标侵权的情况千差万别，在具体的个案中，影响事实认定的因素很多，很多时候权利人受损的情况、侵权人的获利额以及注册商标许可使用费都难以确定，在此情况下，需要有一个确定商标侵权行为赔偿数额的原则，即由人民法院根据侵权行为的情节，判决给予300万元以下的赔偿。“侵权行为的情节”，应当包括“侵权行为的性质、期间、后果”等因素，还应当包括“商标的声誉，商标使用许可费的数额，商标使用许可的种类、时间、范围及制止侵权行为的合理开支”等因素。

▶条文参见

《商标纠纷解释》第13－17条

▶典型案例指引

雅马哈发动机株式会社与浙江华田工业有限公司、台州华田摩托车销售有限公司等商标侵权纠纷案（《中华人民共和国最高人民法院公报》2007年第10期）

案件适用要点：根据《最高人民法院关于审理商标民事纠纷案件适用法律若干问题的解释》第13条的规定，人民法院依据《商标法》的规定确定侵权人赔偿责任时，可以根据权利人选择的计算方式计算赔偿数额。对于商标侵权人违法所得的计算，可以参照《最高人民法院关于审理专利纠纷案件适用法律问题的若干规定》第20条第3款的规定，即对于侵权人因侵权所获得的利益一般按照侵权人的营业利润计算，对于完全以侵权为业的侵权人，可以按照销售利润计算。

第六十四条 商标侵权纠纷中的免责情形

注册商标专用权人请求赔偿，被控侵权人以注册商标专用权人未使用注册商标提出抗辩的，人民法院可以要求注册商标专用权人提供此前三年内实际使用该注册商标的证据。注册商标专用权人不能证明此前三年内实际使用过该注册商标，也不能证明因侵权行为受到其他损失的，被控侵权人不承担赔偿责任。

销售不知道是侵犯注册商标专用权的商品，能证明该商品是自己合法取得并说明提供者的，不承担赔偿责任。

▶理解与适用

［被控侵权人的两种免责情形］

本条规定了两种免责情形，一是从专用权人权利瑕疵的角度规定的，二是从销售者无侵权主观故意的角度规定的。

1. 商标专用权人三年内未实际使用注册商标且无其他损失的。

如果注册商标专用权人不能证明此前三年内实际使用过该注册商标，也不能证明因侵权行为受到其他损失的，被控侵权人不承担赔偿责任。

2. 销售者无侵权故意且证明合法取得并说明提供者。

所谓“能证明该商品是自己合法取得”，是指销售者能够提供进货商品的发票、付款凭证以及其他证据，从而证明该商品是通过合法途径取得的。所谓“说明提供者”，是指销售者能够说明进货商品的提供者的姓名或者名称、住所以及其他线索，并且能够查证属实的。

第六十五条 临时保护措施

商标注册人或者利害关系人有证据证明他人正在实施或者即将实施侵犯其注册商标专用权的行为，如不及时制止将会使其合法权益受到难以弥补的损害的，可以依法在起诉前向人民法院申请采取责令停止有关行为和财产保全的措施。

▶理解与适用

［向人民法院申请采取责令停止有关行为和财产保全的措施应符合哪些条件?］

根据本条和《民事诉讼法》的有关规定，向人民法院申请采取责令停止有关行为和财产保全的措施，应当符合以下条件：

一是申请人的主体资格。所谓“申请人”，是指向人民法院提出申请，请求人民法院依法采取责令停止有关行为和财产保全的措施，以保护其合法权益的主体。申请人有两种：(1）商标注册人。商标注册人是注册商标专用权的权利主体，其商标专用权受到不法侵害时，有权依照本条规定的条件和程序，向人民法院提出申请，请求人民法院依法采取相关措施。(2）利害关系人。利害关系是商标注册人以外的，与侵犯商标专用权的行为有直接利害关系的其他人。按照《最高人民法院关于审理商标民事纠纷案件适用法律若干问题的解释》的规定，“利害关系人”包括注册商标使用许可合同的被许可人、注册商标财产权利的合法继承人等。

二是向法院提交相关证据。申请法院采取责令停止有关行为和财产保全的措施，应当向法院提交证据，申请人提交的证据，应当能够证明他人正在实施或者即将实施侵犯其注册商标专用权的行为，如不及时制止将会使其合法权益受到难以弥补的损害的。证据包括当事人的陈述、书证、物证、视听资料、电子数据、证人证言、鉴定意见、勘验笔录等。

三是申请应当在起诉前提出。申请人申请人民法院依法采取责令停止有关行为和财产保全的措施，应当在其正式起诉以前，向人民法院提出。由法院采取责令停止有关行为和财产保全的措施，属于临时性的紧急措施，具有一定的时限性，目的是防止“合法权益受到难以弥补的损害”。如果申请人已经起诉，在诉讼过程中认为有必要制止侵权行为人继续实施侵权行为的，可以依法申请采取诉讼中的财产保全措施。

▶条文参见

《最高人民法院关于诉前停止侵犯注册商标专用权行为和保全证据适用法律问题的解释》；《最高人民法院关于人民法院对注册商标权进行财产保全的解释》；《中华人民共和国知识产权海关保护条例》第23条

▶典型案例指引

某化工股份有限公司山东某石油分公司与利津县某石油加油城侵犯注册商标使用权纠纷案（山东省东营市中级人民法院民事裁定书〔2006〕东法民三禁字第7号）

案件适用要点：行为人未经商标权人许可，擅自在其经营中使用权利人的商标，侵犯了权利人享有的注册商标使用权，违反了《中华人民共和国商标法》及《反不正当竞争法》的规定。因目前行为人的侵权行为仍在进行中，如不及时制止，将会使权利人的合法权益受到难以弥补的损害。为维护其权益，法院同意权利人的诉前禁令申请。

第六十六条　证据保全

为制止侵权行为，在证据可能灭失或者以后难以取得的情况下，商标注册人或者利害关系人可以依法在起诉前向人民法院申请保全证据。

▶理解与适用

［申请人在诉前申请人民法院保全证据应当符合哪些条件?］

根据本条的规定，申请人在诉前申请人民法院保全证据，应当符合以下条件：

一是申请人的范围，必须是“商标注册人”或者“利害关系人”。除此之外的其他人，不得依据本条规定申请人民法院保全证据。

二是申请证据保全的目的，是为了制止侵权行为，即商标法规定的 7 类侵犯注册商标专用权的行为。

三是证据存在灭失等可能的，即申请人申请保全的证据，必须具备“可能灭失”或者“以后难以取得”的情形。所谓“可能灭失”，是指因证据的自然特征、性质，或者因人为因素，使证据有灭失的可能。所谓“以后难以取得”，是指由于客观情况的变化，证据在今后不能取得，或者虽然可以取得但会失去其作用的情形。

商标注册人或者利害关系人在起诉前向人民法院申请保全证据，应当向被保全证据所在地、被申请人住所地或者对案件有管辖权的人民法院提出申请；申请人应当提供担保，不提供担保的，裁定驳回申请。人民法院接受申请后，必须在 48 小时内作出裁定；裁定采取保全措施的，应当立即开始执行。申请人在人民法院采取保全措施后 30 日内不依法提起诉讼或者申请仲裁的，人民法院应当解除保全。

▶条文参见

《民事诉讼法》第 81 条；《最高人民法院关于诉前停止侵犯注册商标专用权行为和保全证据适用法律问题的解释》；《最高人民法院关于审理商标案件有关管辖和法律适用范围问题的解释》第 7 条

第六十七条 刑事责任

未经商标注册人许可，在同一种商品上使用与其注册商标相同的商标，构成犯罪的，除赔偿被侵权人的损失外，依法追究刑事责任。

伪造、擅自制造他人注册商标标识或者销售伪造、擅自制造的注册商标标识，构成犯罪的，除赔偿被侵权人的损失外，依法追究刑事责任。

销售明知是假冒注册商标的商品，构成犯罪的，除赔偿被侵权人的损失外，依法追究刑事责任。

▶条文参见

《刑法》第213－215条；《最高人民法院、最高人民检察院关于办理侵犯知识产权刑事案件具体应用法律若干问题的解释》第1－3、8－9、12－13、15－16条

▶典型案例指引

1. 唐某等合同诈骗，销售假冒注册商标的商品，假冒注册商标，非法持有枪支，伪造国家机关印章、证件、伪造公司印章案（四川省宜宾市中级人民法院刑事判决书〔2006〕宜中刑二终字第7号）

案件适用要点：为牟取非法利益，在明知是假冒注册商标的商品时，仍进货销售，情节严重，构成《刑法》第214条规定的销售假冒注册商标的商品罪。

2. 李某假冒注册商标案（北京市第一中级人民法院刑事裁定书〔2007〕一中刑终字第01001号）

案件适用要点：行为人未经注册商标所有人许可，假冒多种注册商标，在同一种商品上使用与其注册商标相同的商标，情节特别严重，其行为已构成假冒注册商标罪，应予惩处。

3. 郭明升、郭明锋、孙淑标假冒注册商标案（最高人民法院指导案例87号）

案件适用要点：假冒注册商标犯罪的非法经营数额、违法所得数额，应当综合被告人供述、证人证言、被害人陈述、网络销售电子数据、被告人银行账户往来记录、送货单、快递公司电脑系统记录、被告人等所作记账等证据认定。被告人辩解称网络销售记录存在刷信誉的不真实交易，但无证据证实的，对其辩解不予采纳。

第六十八条　商标代理机构的责任

商标代理机构有下列行为之一的，由工商行政管理部门责令限期改正，给予警告，处一万元以上十万元以下的罚款；对直接负责的主管人员和其他直接责任人员给予警告，处五千元以上五万元以下的罚款；构成犯罪的，依法追究刑事责任：

（一）办理商标事宜过程中，伪造、变造或者使用伪造、变造的法律文件、印章、签名的；

（二）以诋毁其他商标代理机构等手段招徕商标代理业务或者以其他不正当手段扰乱商标代理市场秩序的；

（三）违反本法第十九条第三款、第四款规定的。

商标代理机构有前款规定行为的，由工商行政管理部门记入信用档案；情节严重的，商标局、商标评审委员会并可以决定停止受理其办理商标代理业务，予以公告。

商标代理机构违反诚实信用原则，侵害委托人合法利益的，应当依法承担民事责任，并由商标代理行业组织按照章程规定予以惩戒。

▶理解与适用

［商标代理机构的违法行为］

商标代理机构的违法行为主要有以下三种情形，工商行政管理部门将根据行为的具体情况，依法给予责令限期改正、警告、罚款等处罚。

1. 办理商标事宜过程中，伪造、变造或者使用伪造、变造的法律文件、印章、签名。

2. 以诋毁其他商标代理机构等手段招徕商标代理业务或者以其他不正当手段扰乱商标代理市场秩序。

3. 违反《商标法》第19条第3款、第4款规定的行为。(1) 代理机构知道或者应当知道委托人未经授权申请以委托人自己名义将他人商标进行注册，或者委托人申请商标注册损害他人现有的在先权利的，商标代理机构不得接受委托代为办理相关业务。（2）商标代理机构应当切实履行“代理者”的角色，而不应当为自身申请注册其他注册商标。

第六十九条 商标监管机构及其人员的行为要求

从事商标注册、管理和复审工作的国家机关工作人员必须秉公执法，廉洁自律，忠于职守，文明服务。

商标局、商标评审委员会以及从事商标注册、管理和复审工作的国家机关工作人员不得从事商标代理业务和商品生产经营活动。

第七十条 工商行政管理部门的内部监督

工商行政管理部门应当建立健全内部监督制度，对负责商标注册、管理和复审工作的国家机关工作人员执行法律、行政法规和遵守纪律的情况，进行监督检查。

第七十一条 相关工作人员的法律责任

从事商标注册、管理和复审工作的国家机关工作人员玩忽职守、滥用职权、徇私舞弊，违法办理商标注册、管理和复审事项，收受当事人财物，牟取不正当利益，构成犯罪的，依法追究刑事责任；尚不构成犯罪的，依法给予处分。

第八章 附 则

第七十二条 商标规费

申请商标注册和办理其他商标事宜的，应当缴纳费用，具体收费标准另定。

第七十三条 时间效力

本法自1983年3月1日起施行。1963年4月10日国务院公布的《商标管理条例》同时废止；其他有关商标管理的规定，凡与本法抵触的，同时失效。

本法施行前已经注册的商标继续有效。

一、综　合

中华人民共和国商标法实施条例

（2002 年 8 月 3 日中华人民共和国国务院令第 358 号公布　2014 年 4 月 29 日中华人民共和国国务院令第 651 号修订公布　自 2014 年 5 月 1 日起施行）

第一章　总　　则

第一条　根据《中华人民共和国商标法》（以下简称商标法），制定本条例。

第二条　本条例有关商品商标的规定，适用于服务商标。

第三条　商标持有人依照商标法第十三条规定请求驰名商标保护的，应当提交其商标构成驰名商标的证据材料。商标局、商标评审委员会应当依照商标法第十四条的规定，根据审查、处理案件的需要以及当事人提交的证据材料，对其商标驰名情况作出认定。

第四条　商标法第十六条规定的地理标志，可以依照商标法和本条例的规定，作为证明商标或者集体商标申请注册。

以地理标志作为证明商标注册的，其商品符合使用该地理标志条件的自然人、法人或者其他组织可以要求使用该证明商标，控制该证明商标的组织应当允许。以地理标志作为集体商标注册的，其商品符合使用该地理标志条件的自然人、法人或者其他组织，可以要求参加以该地理标志作为集体商标注册的团体、协会或者其他组织，该团体、协会或者其他组织应当依据其章程接纳为会员；不要求参加以该地理标志作为集体商标注册的团体、协会或者其他组织的，也可以正当使用该地理标志，该团体、协会或者其他组织无权禁止。

第五条　当事人委托商标代理机构申请商标注册或者办理其他商标事

宜，应当提交代理委托书。代理委托书应当载明代理内容及权限；外国人或者外国企业的代理委托书还应当载明委托人的国籍。

外国人或者外国企业的代理委托书及与其有关的证明文件的公证、认证手续，按照对等原则办理。

申请商标注册或者转让商标，商标注册申请人或者商标转让受让人为外国人或者外国企业的，应当在申请书中指定中国境内接收人负责接收商标局、商标评审委员会后继商标业务的法律文件。商标局、商标评审委员会后继商标业务的法律文件向中国境内接收人送达。

商标法第十八条所称外国人或者外国企业，是指在中国没有经常居所或者营业所的外国人或者外国企业。

第六条 申请商标注册或者办理其他商标事宜，应当使用中文。

依照商标法和本条例规定提交的各种证件、证明文件和证据材料是外文的，应当附送中文译文；未附送的，视为未提交该证件、证明文件或者证据材料。

第七条 商标局、商标评审委员会工作人员有下列情形之一的，应当回避，当事人或者利害关系人可以要求其回避：

（一）是当事人或者当事人、代理人的近亲属的；

（二）与当事人、代理人有其他关系，可能影响公正的；

（三）与申请商标注册或者办理其他商标事宜有利害关系的。

第八条 以商标法第二十二条规定的数据电文方式提交商标注册申请等有关文件，应当按照商标局或者商标评审委员会的规定通过互联网提交。

第九条 除本条例第十八条规定的情形外，当事人向商标局或者商标评审委员会提交文件或者材料的日期，直接递交的，以递交日为准；邮寄的，以寄出的邮戳日为准；邮戳日不清晰或者没有邮戳的，以商标局或者商标评审委员会实际收到日为准，但是当事人能够提出实际邮戳日证据的除外。通过邮政企业以外的快递企业递交的，以快递企业收寄日为准；收寄日不明确的，以商标局或者商标评审委员会实际收到日为准，但是当事人能够提出实际收寄日证据的除外。以数据电文方式提交的，以进入商标局或者商标评审委员会电子系统的日期为准。

当事人向商标局或者商标评审委员会邮寄文件，应当使用给据邮件。

当事人向商标局或者商标评审委员会提交文件，以书面方式提交的，以商标局或者商标评审委员会所存档案记录为准；以数据电文方式提交的，以商标局或者商标评审委员会数据库记录为准，但是当事人确有证据证明商标局或者商标评审委员会档案、数据库记录有错误的除外。

第十条 商标局或者商标评审委员会的各种文件，可以通过邮寄、直接递交、数据电文或者其他方式送达当事人；以数据电文方式送达当事人的，应当经当事人同意。当事人委托商标代理机构的，文件送达商标代理机构视为送达当事人。

商标局或者商标评审委员会向当事人送达各种文件的日期，邮寄的，以当事人收到的邮戳日为准；邮戳日不清晰或者没有邮戳的，自文件发出之日起满15日视为送达当事人，但是当事人能够证明实际收到日的除外；直接递交的，以递交日为准；以数据电文方式送达的，自文件发出之日起满15日视为送达当事人，但是当事人能够证明文件进入其电子系统日期的除外。文件通过上述方式无法送达的，可以通过公告方式送达，自公告发布之日起满30日，该文件视为送达当事人。

第十一条 下列期间不计入商标审查、审理期限：

（一）商标局、商标评审委员会文件公告送达的期间；

（二）当事人需要补充证据或者补正文件的期间以及因当事人更换需要重新答辩的期间；

（三）同日申请提交使用证据及协商、抽签需要的期间；

（四）需要等待优先权确定的期间；

（五）审查、审理过程中，依案件申请人的请求等待在先权利案件审理结果的期间。

第十二条 除本条第二款规定的情形外，商标法和本条例规定的各种期限开始的当日不计算在期限内。期限以年或者月计算的，以期限最后一月的相应日为期限届满日；该月无相应日的，以该月最后一日为期限届满日；期限届满日是节假日的，以节假日后的第一个工作日为期限届满日。

商标法第三十九条、第四十条规定的注册商标有效期从法定日开始起算，期限最后一月相应日的前一日为期限届满日，该月无相应日的，以该月最后一日为期限届满日。

第二章 商标注册的申请

第十三条 申请商标注册，应当按照公布的商品和服务分类表填报。每一件商标注册申请应当向商标局提交《商标注册申请书》1份、商标图样 1 份；以颜色组合或者着色图样申请商标注册的，应当提交着色图样，并提交黑白稿 1 份；不指定颜色的，应当提交黑白图样。

商标图样应当清晰，便于粘贴，用光洁耐用的纸张印制或者用照片代替，长和宽应当不大于 10 厘米，不小于 5 厘米。

以三维标志申请商标注册的，应当在申请书中予以声明，说明商标的使用方式，并提交能够确定三维形状的图样，提交的商标图样应当至少包含三面视图。

以颜色组合申请商标注册的，应当在申请书中予以声明，说明商标的使用方式。

以声音标志申请商标注册的，应当在申请书中予以声明，提交符合要求的声音样本，对申请注册的声音商标进行描述，说明商标的使用方式。对声音商标进行描述，应当以五线谱或者简谱对申请用作商标的声音加以描述并附加文字说明；无法以五线谱或者简谱描述的，应当以文字加以描述；商标描述与声音样本应当一致。

申请注册集体商标、证明商标的，应当在申请书中予以声明，并提交主体资格证明文件和使用管理规则。

商标为外文或者包含外文的，应当说明含义。

第十四条 申请商标注册的，申请人应当提交其身份证明文件。商标注册申请人的名义与所提交的证明文件应当一致。

前款关于申请人提交其身份证明文件的规定适用于向商标局提出的办理变更、转让、续展、异议、撤销等其他商标事宜。

第十五条 商品或者服务项目名称应当按照商品和服务分类表中的类别号、名称填写；商品或者服务项目名称未列入商品和服务分类表的，应当附送对该商品或者服务的说明。

商标注册申请等有关文件以纸质方式提出的，应当打字或者印刷。

本条第二款规定适用于办理其他商标事宜。

第十六条 共同申请注册同一商标或者办理其他共有商标事宜的，应当在申请书中指定一个代表人；没有指定代表人的，以申请书中顺序排列的第一人为代表人。

商标局和商标评审委员会的文件应当送达代表人。

第十七条 申请人变更其名义、地址、代理人、文件接收人或者删减指定的商品的，应当向商标局办理变更手续。

申请人转让其商标注册申请的，应当向商标局办理转让手续。

第十八条 商标注册的申请日期以商标局收到申请文件的日期为准。

商标注册申请手续齐备、按照规定填写申请文件并缴纳费用的，商标局予以受理并书面通知申请人；申请手续不齐备、未按照规定填写申请文件或者未缴纳费用的，商标局不予受理，书面通知申请人并说明理由。申请手续基本齐备或者申请文件基本符合规定，但是需要补正的，商标局通知申请人予以补正，限其自收到通知之日起 30 日内，按照指定内容补正并交回商标局。在规定期限内补正并交回商标局的，保留申请日期；期满未补正的或者不按照要求进行补正的，商标局不予受理并书面通知申请人。

本条第二款关于受理条件的规定适用于办理其他商标事宜。

第十九条 两个或者两个以上的申请人，在同一种商品或者类似商品上，分别以相同或者近似的商标在同一天申请注册的，各申请人应当自收到商标局通知之日起 30 日内提交其申请注册前在先使用该商标的证据。同日使用或者均未使用的，各申请人可以自收到商标局通知之日起 30 日内自行协商，并将书面协议报送商标局；不愿协商或者协商不成的，商标局通知各申请人以抽签的方式确定一个申请人，驳回其他人的注册申请。商标局已经通知但申请人未参加抽签的，视为放弃申请，商标局应当书面通知未参加抽签的申请人。

第二十条 依照商标法第二十五条规定要求优先权的，申请人提交的第一次提出商标注册申请文件的副本应当经受理该申请的商标主管机关证明，并注明申请日期和申请号。

第三章 商标注册申请的审查

第二十一条 商标局对受理的商标注册申请，依照商标法及本条例的有关规定进行审查，对符合规定或者在部分指定商品上使用商标的注册申请符合规定的，予以初步审定，并予以公告；对不符合规定或者在部分指定商品上使用商标的注册申请不符合规定的，予以驳回或者驳回在部分指定商品上使用商标的注册申请，书面通知申请人并说明理由。

第二十二条 商标局对一件商标注册申请在部分指定商品上予以驳回的，申请人可以将该申请中初步审定的部分申请分割成另一件申请，分割后的申请保留原申请的申请日期。

需要分割的，申请人应当自收到商标局《商标注册申请部分驳回通知书》之日起15日内，向商标局提出分割申请。

商标局收到分割申请后，应当将原申请分割为两件，对分割出来的初步审定申请生成新的申请号，并予以公告。

第二十三条 依照商标法第二十九条规定，商标局认为对商标注册申请内容需要说明或者修正的，申请人应当自收到商标局通知之日起15日内作出说明或者修正。

第二十四条 对商标局初步审定予以公告的商标提出异议的，异议人应当向商标局提交下列商标异议材料一式两份并标明正、副本：

（一）商标异议申请书；

（二）异议人的身份证明；

（三）以违反商标法第十三条第二款和第三款、第十五条、第十六条第一款、第三十条、第三十一条、第三十二条规定为由提出异议的，异议人作为在先权利人或者利害关系人的证明。

商标异议申请书应当有明确的请求和事实依据，并附送有关证据材料。

第二十五条 商标局收到商标异议申请书后，经审查，符合受理条件的，予以受理，向申请人发出受理通知书。

第二十六条 商标异议申请有下列情形的，商标局不予受理，书面通知申请人并说明理由：

（一）未在法定期限内提出的；

（二）申请人主体资格、异议理由不符合商标法第三十三条规定的；

（三）无明确的异议理由、事实和法律依据的；

（四）同一异议人以相同的理由、事实和法律依据针对同一商标再次提出异议申请的。

第二十七条 商标局应当将商标异议材料副本及时送交被异议人，限其自收到商标异议材料副本之日起30日内答辩。被异议人不答辩的，不影响商标局作出决定。

当事人需要在提出异议申请或者答辩后补充有关证据材料的，应当在商标异议申请书或者答辩书中声明，并自提交商标异议申请书或者答辩书之日起3个月内提交；期满未提交的，视为当事人放弃补充有关证据材料。但是，在期满后生成或者当事人有其他正当理由未能在期满前提交的证据，在期满后提交的，商标局将证据交对方当事人并质证后可以采信。

第二十八条 商标法第三十五条第三款和第三十六条第一款所称不予

注册决定，包括在部分指定商品上不予注册决定。

被异议商标在商标局作出准予注册决定或者不予注册决定前已经刊发注册公告的，撤销该注册公告。经审查异议不成立而准予注册的，在准予注册决定生效后重新公告。

第二十九条 商标注册申请人或者商标注册人依照商标法第三十八条规定提出更正申请的，应当向商标局提交更正申请书。符合更正条件的，商标局核准后更正相关内容；不符合更正条件的，商标局不予核准，书面通知申请人并说明理由。

已经刊发初步审定公告或者注册公告的商标经更正的，刊发更正公告。

第四章 注册商标的变更、转让、续展

第三十条 变更商标注册人名义、地址或者其他注册事项的，应当向商标局提交变更申请书。变更商标注册人名义的，还应当提交有关登记机关出具的变更证明文件。商标局核准的，发给商标注册人相应证明，并予以公告；不予核准的，应当书面通知申请人并说明理由。

变更商标注册人名义或者地址的，商标注册人应当将其全部注册商标一并变更；未一并变更的，由商标局通知其限期改正；期满未改正的，视为放弃变更申请，商标局应当书面通知申请人。

第三十一条 转让注册商标的，转让人和受让人应当向商标局提交转让注册商标申请书。转让注册商标申请手续应当由转让人和受让人共同办理。商标局核准转让注册商标申请的，发给受让人相应证明，并予以公告。

转让注册商标，商标注册人对其在同一种或者类似商品上注册的相同或者近似的商标未一并转让的，由商标局通知其限期改正；期满未改正的，视为放弃转让该注册商标的申请，商标局应当书面通知申请人。

第三十二条 注册商标专用权因转让以外的继承等其他事由发生移转的，接受该注册商标专用权的当事人应当凭有关证明文件或者法律文书到商标局办理注册商标专用权移转手续。

注册商标专用权移转的，注册商标专用权人在同一种或者类似商品上注册的相同或者近似的商标，应当一并移转；未一并移转的，由商标局通知其限期改正；期满未改正的，视为放弃该移转注册商标的申请，商标局应当书面通知申请人。

商标移转申请经核准的，予以公告。接受该注册商标专用权移转的当事人自公告之日起享有商标专用权。

第三十三条 注册商标需要续展注册的，应当向商标局提交商标续展注册申请书。商标局核准商标注册续展申请的，发给相应证明并予以公告。

第五章 商标国际注册

第三十四条 商标法第二十一条规定的商标国际注册，是指根据《商标国际注册马德里协定》（以下简称马德里协定）、《商标国际注册马德里协定有关议定书》（以下简称马德里议定书）及《商标国际注册马德里协定及该协定有关议定书的共同实施细则》的规定办理的马德里商标国际注册。

马德里商标国际注册申请包括以中国为原属国的商标国际注册申请、指定中国的领土延伸申请及其他有关的申请。

第三十五条 以中国为原属国申请商标国际注册的，应当在中国设有真实有效的营业所，或者在中国有住所，或者拥有中国国籍。

第三十六条 符合本条例第三十五条规定的申请人，其商标已在商标局获得注册的，可以根据马德里协定申请办理该商标的国际注册。

符合本条例第三十五条规定的申请人，其商标已在商标局获得注册，或者已向商标局提出商标注册申请并被受理的，可以根据马德里议定书申请办理该商标的国际注册。

第三十七条 以中国为原属国申请商标国际注册的，应当通过商标局向世界知识产权组织国际局（以下简称国际局）申请办理。

以中国为原属国的，与马德里协定有关的商标国际注册的后期指定、放弃、注销，应当通过商标局向国际局申请办理；与马德里协定有关的商标国际注册的转让、删减、变更、续展，可以通过商标局向国际局申请办理，也可以直接向国际局申请办理。

以中国为原属国的，与马德里议定书有关的商标国际注册的后期指定、转让、删减、放弃、注销、变更、续展，可以通过商标局向国际局申请办理，也可以直接向国际局申请办理。

第三十八条 通过商标局向国际局申请商标国际注册及办理其他有关申请的，应当提交符合国际局和商标局要求的申请书和相关材料。

第三十九条 商标国际注册申请指定的商品或者服务不得超出国内基础申请或者基础注册的商品或者服务的范围。

第四十条 商标国际注册申请手续不齐备或者未按照规定填写申请书的，商标局不予受理，申请日不予保留。

申请手续基本齐备或者申请书基本符合规定，但需要补正的，申请人应当自收到补正通知书之日起 30 日内予以补正，逾期未补正的，商标局不予受理，书面通知申请人。

第四十一条 通过商标局向国际局申请商标国际注册及办理其他有关申请的，应当按照规定缴纳费用。

申请人应当自收到商标局缴费通知单之日起 15 日内，向商标局缴纳费用。期满未缴纳的，商标局不受理其申请，书面通知申请人。

第四十二条 商标局在马德里协定或者马德里议定书规定的驳回期限（以下简称驳回期限）内，依照商标法和本条例的有关规定对指定中国的领土延伸申请进行审查，作出决定，并通知国际局。商标局在驳回期限内未发出驳回或者部分驳回通知的，该领土延伸申请视为核准。

第四十三条 指定中国的领土延伸申请人，要求将三维标志、颜色组合、声音标志作为商标保护或者要求保护集体商标、证明商标的，自该商标在国际局国际注册簿登记之日起 3 个月内，应当通过依法设立的商标代理机构，向商标局提交本条例第十三条规定的相关材料。未在上述期限内提交相关材料的，商标局驳回该领土延伸申请。

第四十四条 世界知识产权组织对商标国际注册有关事项进行公告，商标局不再另行公告。

第四十五条 对指定中国的领土延伸申请，自世界知识产权组织《国际商标公告》出版的次月 1 日起 3 个月内，符合商标法第三十三条规定条件的异议人可以向商标局提出异议申请。

商标局在驳回期限内将异议申请的有关情况以驳回决定的形式通知国际局。

被异议人可以自收到国际局转发的驳回通知书之日起 30 日内进行答辩，答辩书及相关证据材料应当通过依法设立的商标代理机构向商标局提交。

第四十六条 在中国获得保护的国际注册商标，有效期自国际注册日或者后期指定日起算。在有效期届满前，注册人可以向国际局申请续展，在有效期内未申请续展的，可以给予 6 个月的宽展期。商标局收到国际局的续展通知后，依法进行审查。国际局通知未续展的，注销该国际注册商标。

第四十七条 指定中国的领土延伸申请办理转让的，受让人应当在缔约方境内有真实有效的营业所，或者在缔约方境内有住所，或者是缔约方国民。

转让人未将其在相同或者类似商品或者服务上的相同或者近似商标一并转让的，商标局通知注册人自发出通知之日起3个月内改正；期满未改正或者转让容易引起混淆或者有其他不良影响的，商标局作出该转让在中国无效的决定，并向国际局作出声明。

第四十八条 指定中国的领土延伸申请办理删减，删减后的商品或者服务不符合中国有关商品或者服务分类要求或者超出原指定商品或者服务范围的，商标局作出该删减在中国无效的决定，并向国际局作出声明。

第四十九条 依照商标法第四十九条第二款规定申请撤销国际注册商标，应当自该商标国际注册申请的驳回期限届满之日起满3年后向商标局提出申请；驳回期限届满时仍处在驳回复审或者异议相关程序的，应当自商标局或者商标评审委员会作出的准予注册决定生效之日起满3年后向商标局提出申请。

依照商标法第四十四条第一款规定申请宣告国际注册商标无效的，应当自该商标国际注册申请的驳回期限届满后向商标评审委员会提出申请；驳回期限届满时仍处在驳回复审或者异议相关程序的，应当自商标局或者商标评审委员会作出的准予注册决定生效后向商标评审委员会提出申请。

依照商标法第四十五条第一款规定申请宣告国际注册商标无效的，应当自该商标国际注册申请的驳回期限届满之日起5年内向商标评审委员会提出申请；驳回期限届满时仍处在驳回复审或者异议相关程序的，应当自商标局或者商标评审委员会作出的准予注册决定生效之日起5年内向商标评审委员会提出申请。对恶意注册的，驰名商标所有人不受5年的时间限制。

第五十条 商标法和本条例下列条款的规定不适用于办理商标国际注册相关事宜：

（一）商标法第二十八条、第三十五条第一款关于审查和审理期限的规定；

（二）本条例第二十二条、第三十条第二款；

（三）商标法第四十二条及本条例第三十一条关于商标转让由转让人和受让人共同申请并办理手续的规定。

第六章 商标评审

第五十一条 商标评审是指商标评审委员会依照商标法第三十四条、第三十五条、第四十四条、第四十五条、第五十四条的规定审理有关商标争议事宜。当事人向商标评审委员会提出商标评审申请，应当有明确的请求、事实、理由和法律依据，并提供相应证据。

商标评审委员会根据事实，依法进行评审。

第五十二条 商标评审委员会审理不服商标局驳回商标注册申请决定的复审案件，应当针对商标局的驳回决定和申请人申请复审的事实、理由、请求及评审时的事实状态进行审理。

商标评审委员会审理不服商标局驳回商标注册申请决定的复审案件，发现申请注册的商标有违反商标法第十条、第十一条、第十二条和第十六条第一款规定情形，商标局并未依据上述条款作出驳回决定的，可以依据上述条款作出驳回申请的复审决定。商标评审委员会作出复审决定前应当听取申请人的意见。

第五十三条 商标评审委员会审理不服商标局不予注册决定的复审案件，应当针对商标局的不予注册决定和申请人申请复审的事实、理由、请求及原异议人提出的意见进行审理。

商标评审委员会审理不服商标局不予注册决定的复审案件，应当通知原异议人参加并提出意见。原异议人的意见对案件审理结果有实质影响的，可以作为评审的依据；原异议人不参加或者不提出意见的，不影响案件的审理。

第五十四条 商标评审委员会审理依照商标法第四十四条、第四十五条规定请求宣告注册商标无效的案件，应当针对当事人申请和答辩的事实、理由及请求进行审理。

第五十五条 商标评审委员会审理不服商标局依照商标法第四十四条第一款规定作出宣告注册商标无效决定的复审案件，应当针对商标局的决定和申请人申请复审的事实、理由及请求进行审理。

第五十六条 商标评审委员会审理不服商标局依照商标法第四十九条规定作出撤销或者维持注册商标决定的复审案件，应当针对商标局作出撤销或者维持注册商标决定和当事人申请复审时所依据的事实、理由及请求进行审理。

第五十七条 申请商标评审，应当向商标评审委员会提交申请书，并按照对方当事人的数量提交相应份数的副本；基于商标局的决定书申请复审的，还应当同时附送商标局的决定书副本。

商标评审委员会收到申请书后，经审查，符合受理条件的，予以受理；不符合受理条件的，不予受理，书面通知申请人并说明理由；需要补正的，通知申请人自收到通知之日起 30 日内补正。经补正仍不符合规定的，商标评审委员会不予受理，书面通知申请人并说明理由；期满未补正的，视为撤回申请，商标评审委员会应当书面通知申请人。

商标评审委员会受理商标评审申请后，发现不符合受理条件的，予以驳回，书面通知申请人并说明理由。

第五十八条 商标评审委员会受理商标评审申请后应当及时将申请书副本送交对方当事人，限其自收到申请书副本之日起 30 日内答辩；期满未答辩的，不影响商标评审委员会的评审。

第五十九条 当事人需要在提出评审申请或者答辩后补充有关证据材料的，应当在申请书或者答辩书中声明，并自提交申请书或者答辩书之日起 3 个月内提交；期满未提交的，视为放弃补充有关证据材料。但是，在期满后生成或者当事人有其他正当理由未能在期满前提交的证据，在期满后提交的，商标评审委员会将证据交对方当事人并质证后可以采信。

第六十条 商标评审委员会根据当事人的请求或者实际需要，可以决定对评审申请进行口头审理。

商标评审委员会决定对评审申请进行口头审理的，应当在口头审理 15 日前书面通知当事人，告知口头审理的日期、地点和评审人员。当事人应当在通知书指定的期限内作出答复。

申请人不答复也不参加口头审理的，其评审申请视为撤回，商标评审委员会应当书面通知申请人；被申请人不答复也不参加口头审理的，商标评审委员会可以缺席评审。

第六十一条 申请人在商标评审委员会作出决定、裁定前，可以书面向商标评审委员会要求撤回申请并说明理由，商标评审委员会认为可以撤回的，评审程序终止。

第六十二条 申请人撤回商标评审申请的，不得以相同的事实和理由再次提出评审申请。商标评审委员会对商标评审申请已经作出裁定或者决定的，任何人不得以相同的事实和理由再次提出评审申请。但是，经不予注册复审程序予以核准注册后向商标评审委员会提起宣告注册商标无效的除外。

第七章　商标使用的管理

第六十三条　使用注册商标，可以在商品、商品包装、说明书或者其他附着物上标明“注册商标”或者注册标记。

注册标记包括㊟和®。使用注册标记，应当标注在商标的右上角或者右下角。

第六十四条　《商标注册证》遗失或者破损的，应当向商标局提交补发《商标注册证》申请书。《商标注册证》遗失的，应当在《商标公告》上刊登遗失声明。破损的《商标注册证》，应当在提交补发申请时交回商标局。

商标注册人需要商标局补发商标变更、转让、续展证明，出具商标注册证明，或者商标申请人需要商标局出具优先权证明文件的，应当向商标局提交相应申请书。符合要求的，商标局发给相应证明；不符合要求的，商标局不予办理，通知申请人并告知理由。

伪造或者变造《商标注册证》或者其他商标证明文件的，依照刑法关于伪造、变造国家机关证件罪或者其他罪的规定，依法追究刑事责任。

第六十五条　有商标法第四十九条规定的注册商标成为其核定使用的商品通用名称情形的，任何单位或者个人可以向商标局申请撤销该注册商标，提交申请时应当附送证据材料。商标局受理后应当通知商标注册人，限其自收到通知之日起2个月内答辩；期满未答辩的，不影响商标局作出决定。

第六十六条　有商标法第四十九条规定的注册商标无正当理由连续3年不使用情形的，任何单位或者个人可以向商标局申请撤销该注册商标，提交申请时应当说明有关情况。商标局受理后应当通知商标注册人，限其自收到通知之日起2个月内提交该商标在撤销申请提出前使用的证据材料或者说明不使用的正当理由；期满未提供使用的证据材料或者证据材料无效并没有正当理由的，由商标局撤销其注册商标。

前款所称使用的证据材料，包括商标注册人使用注册商标的证据材料和商标注册人许可他人使用注册商标的证据材料。

以无正当理由连续3年不使用为由申请撤销注册商标的，应当自该注册商标注册公告之日起满3年后提出申请。

第六十七条 下列情形属于商标法第四十九条规定的正当理由：

（一）不可抗力；

（二）政府政策性限制；

（三）破产清算；

（四）其他不可归责于商标注册人的正当事由。

第六十八条 商标局、商标评审委员会撤销注册商标或者宣告注册商标无效，撤销或者宣告无效的理由仅及于部分指定商品的，对在该部分指定商品上使用的商标注册予以撤销或者宣告无效。

第六十九条 许可他人使用其注册商标的，许可人应当在许可合同有效期内向商标局备案并报送备案材料。备案材料应当说明注册商标使用许可人、被许可人、许可期限、许可使用的商品或者服务范围等事项。

第七十条 以注册商标专用权出质的，出质人与质权人应当签订书面质权合同，并共同向商标局提出质权登记申请，由商标局公告。

第七十一条 违反商标法第四十三条第二款规定的，由工商行政管理部门责令限期改正；逾期不改正的，责令停止销售，拒不停止销售的，处10万元以下的罚款。

第七十二条 商标持有人依照商标法第十三条规定请求驰名商标保护的，可以向工商行政管理部门提出请求。经商标局依照商标法第十四条规定认定为驰名商标的，由工商行政管理部门责令停止违反商标法第十三条规定使用商标的行为，收缴、销毁违法使用的商标标识；商标标识与商品难以分离的，一并收缴、销毁。

第七十三条 商标注册人申请注销其注册商标或者注销其商标在部分指定商品上的注册的，应当向商标局提交商标注销申请书，并交回原《商标注册证》。

商标注册人申请注销其注册商标或者注销其商标在部分指定商品上的注册，经商标局核准注销的，该注册商标专用权或者该注册商标专用权在该部分指定商品上的效力自商标局收到其注销申请之日起终止。

第七十四条 注册商标被撤销或者依照本条例第七十三条的规定被注销的，原《商标注册证》作废，并予以公告；撤销该商标在部分指定商品上的注册的，或者商标注册人申请注销其商标在部分指定商品上的注册的，重新核发《商标注册证》，并予以公告。

第八章　注册商标专用权的保护

第七十五条　为侵犯他人商标专用权提供仓储、运输、邮寄、印制、隐匿、经营场所、网络商品交易平台等，属于商标法第五十七条第六项规定的提供便利条件。

第七十六条　在同一种商品或者类似商品上将与他人注册商标相同或者近似的标志作为商品名称或者商品装潢使用，误导公众的，属于商标法第五十七条第二项规定的侵犯注册商标专用权的行为。

第七十七条　对侵犯注册商标专用权的行为，任何人可以向工商行政管理部门投诉或者举报。

第七十八条　计算商标法第六十条规定的违法经营额，可以考虑下列因素：

（一）侵权商品的销售价格；

（二）未销售侵权商品的标价；

（三）已查清侵权商品实际销售的平均价格；

（四）被侵权商品的市场中间价格；

（五）侵权人因侵权所产生的营业收入；

（六）其他能够合理计算侵权商品价值的因素。

第七十九条　下列情形属于商标法第六十条规定的能证明该商品是自己合法取得的情形：

（一）有供货单位合法签章的供货清单和货款收据且经查证属实或者供货单位认可的；

（二）有供销双方签订的进货合同且经查证已真实履行的；

（三）有合法进货发票且发票记载事项与涉案商品对应的；

（四）其他能够证明合法取得涉案商品的情形。

第八十条　销售不知道是侵犯注册商标专用权的商品，能证明该商品是自己合法取得并说明提供者的，由工商行政管理部门责令停止销售，并将案件情况通报侵权商品提供者所在地工商行政管理部门。

第八十一条　涉案注册商标权属正在商标局、商标评审委员会审理或者人民法院诉讼中，案件结果可能影响案件定性的，属于商标法第六十二条第三款规定的商标权属存在争议。

第八十二条　在查处商标侵权案件过程中，工商行政管理部门可以要求权利人对涉案商品是否为权利人生产或者其许可生产的产品进行辨认。

第九章 商标代理

第八十三条 商标法所称商标代理，是指接受委托人的委托，以委托人的名义办理商标注册申请、商标评审或者其他商标事宜。

第八十四条 商标法所称商标代理机构，包括经工商行政管理部门登记从事商标代理业务的服务机构和从事商标代理业务的律师事务所。

商标代理机构从事商标局、商标评审委员会主管的商标事宜代理业务的，应当按照下列规定向商标局备案：

（一）交验工商行政管理部门的登记证明文件或者司法行政部门批准设立律师事务所的证明文件并留存复印件；

（二）报送商标代理机构的名称、住所、负责人、联系方式等基本信息；

（三）报送商标代理从业人员名单及联系方式。

工商行政管理部门应当建立商标代理机构信用档案。商标代理机构违反商标法或者本条例规定的，由商标局或者商标评审委员会予以公开通报，并记入其信用档案。

第八十五条 商标法所称商标代理从业人员，是指在商标代理机构中从事商标代理业务的工作人员。

商标代理从业人员不得以个人名义自行接受委托。

第八十六条 商标代理机构向商标局、商标评审委员会提交的有关申请文件，应当加盖该代理机构公章并由相关商标代理从业人员签字。

第八十七条 商标代理机构申请注册或者受让其代理服务以外的其他商标，商标局不予受理。

第八十八条 下列行为属于商标法第六十八条第一款第二项规定的以其他不正当手段扰乱商标代理市场秩序的行为：

（一）以欺诈、虚假宣传、引人误解或者商业贿赂等方式招徕业务的；

（二）隐瞒事实，提供虚假证据，或者威胁、诱导他人隐瞒事实，提供虚假证据的；

（三）在同一商标案件中接受有利益冲突的双方当事人委托的。

第八十九条 商标代理机构有商标法第六十八条规定行为的，由行为人所在地或者违法行为发生地县级以上工商行政管理部门进行查处并将查处情况通报商标局。

第九十条 商标局、商标评审委员会依照商标法第六十八条规定停止受理商标代理机构办理商标代理业务的，可以作出停止受理该商标代理机构商标代理业务6个月以上直至永久停止受理的决定。停止受理商标代理业务的期间届满，商标局、商标评审委员会应当恢复受理。

商标局、商标评审委员会作出停止受理或者恢复受理商标代理的决定应当在其网站予以公告。

第九十一条 工商行政管理部门应当加强对商标代理行业组织的监督和指导。

第十章 附 则

第九十二条 连续使用至1993年7月1日的服务商标，与他人在相同或者类似的服务上已注册的服务商标相同或者近似的，可以继续使用；但是，1993年7月1日后中断使用3年以上的，不得继续使用。

已连续使用至商标局首次受理新放开商品或者服务项目之日的商标，与他人在新放开商品或者服务项目相同或者类似的商品或者服务上已注册的商标相同或者近似的，可以继续使用；但是，首次受理之日后中断使用3年以上的，不得继续使用。

第九十三条 商标注册用商品和服务分类表，由商标局制定并公布。

申请商标注册或者办理其他商标事宜的文件格式，由商标局、商标评审委员会制定并公布。

商标评审委员会的评审规则由国务院工商行政管理部门制定并公布。

第九十四条 商标局设置《商标注册簿》，记载注册商标及有关注册事项。

第九十五条 《商标注册证》及相关证明是权利人享有注册商标专用权的凭证。《商标注册证》记载的注册事项，应当与《商标注册簿》一致；记载不一致的，除有证据证明《商标注册簿》确有错误外，以《商标注册簿》为准。

第九十六条 商标局发布《商标公告》，刊发商标注册及其他有关事项。

《商标公告》采用纸质或者电子形式发布。

除送达公告外，公告内容自发布之日起视为社会公众已经知道或者应当知道。

第九十七条 申请商标注册或者办理其他商标事宜，应当缴纳费用。缴纳费用的项目和标准，由国务院财政部门、国务院价格主管部门分别制定。

第九十八条 本条例自2014年5月1日起施行。

最高人民法院关于在全国法院推进知识产权民事、行政和刑事案件审判“三合一”工作的意见

（2016年7月5日 法发〔2016〕17号）

为贯彻落实党的十八届四中全会确定的司法体制改革任务以及《国家知识产权战略纲要》《关于深化体制机制改革加快实施创新驱动发展战略的若干意见》《深化科技体制改革实施方案》提出的具体要求，统一法律适用标准，优化审判资源配置，提高审判质量和效率，充分发挥知识产权司法保护的主导作用，推进知识产权审判体制和工作机制改革，加快创新驱动发展战略的实施，建立公正、高效、权威的社会主义知识产权司法制度，根据《中华人民共和国民事诉讼法》《中华人民共和国行政诉讼法》和《中华人民共和国刑事诉讼法》以及有关法律法规的规定，结合审判工作实际，制定本意见。

一、统一思想，深刻认识推进知识产权民事、行政和刑事案件审判“三合一”工作的重大意义

1. 知识产权民事、行政和刑事案件审判“三合一”是指由知识产权审判庭统一审理知识产权民事、行政和刑事案件。

推进“三合一”工作，是人民法院贯彻落实党的十八届四中全会关于司法体制改革任务的重要举措，是落实国家知识产权战略和创新驱动发展战略的重要措施。推进“三合一”工作的目的是要构建符合知识产权司法特点和规律的工作机制和审判体制，不断提高知识产权司法保护的整体效能。

2. 推进“三合一”工作，有利于增强司法机关和行政机关执法合力，实现知识产权的全方位救济和司法公正；有利于统一司法标准，提高审判质量，完善知识产权司法保护制度；有利于合理调配审判力量，优化审判资源配置，提高知识产权司法保护的效益和效率；有利于知识产权专门审判队伍建设，提高知识产权审判队伍素质。各级人民法院要把思想和行动统一到中央精神和部署上来，以勇于担当的精神全面推进“三合一”工作。

二、积极落实，大力推进知识产权民事、行政和刑事案件审判“三合一”工作

3. 最高人民法院成立推进“三合一”工作协调小组，统一协调指导全国法院的“三合一”工作。高、中级人民法院要成立相应的协调机构，组织协调辖区内的“三合一”工作，具体负责辖区内知识产权案件的管辖布局和指导监督，上传下达，内外协调，及时解决工作中出现的问题。

4. 各级人民法院要根据最高人民法院会同最高人民检察院、公安部联合制定下发的有关办理知识产权刑事案件适用法律相关问题的意见，做好知识产权刑事案件的审理工作。

5. 各级人民法院的知识产权审判部门，不再称为民事审判第×庭，更名为知识产权审判庭。

6. 各级人民法院知识产权审判庭应当根据审判任务需要配备审判力量，并根据情况配备专门从事行政审判和刑事审判的法官，也可以由行政审判庭或刑事审判庭法官与知识产权审判庭法官共同组成合议庭，审理知识产权行政或刑事案件。

7. 知识产权民事案件是指涉及著作权、商标权、专利权、技术合同、商业秘密、植物新品种和集成电路布图设计等知识产权以及不正当竞争、垄断、特许经营合同的民事纠纷案件。

一般知识产权民事纠纷案件是指除专利、植物新品种、集成电路布图设计、技术秘密、计算机软件、驰名商标认定以及垄断纠纷案件之外的知识产权民事纠纷案件。

知识产权行政案件是指当事人对行政机关就著作权、商标权、专利权等知识产权以及不正当竞争等所作出的行政行为不服，向人民法院提起的行政纠纷案件。

知识产权刑事案件是指《中华人民共和国刑法》分则第三章“破坏社会主义市场经济秩序罪”第七节规定的侵犯知识产权犯罪案件等。

知识产权刑事自诉案件，人民法院仍然可以按照刑事诉讼法所确定的地域管辖原则管辖。

8. 知识产权民事案件的受理继续依照人民法院有关地域管辖、级别管辖和指定管辖的规定和批复进行。除此之外：

中级人民法院辖区内没有基层人民法院具有一般知识产权民事纠纷案件管辖权的，可以层报最高人民法院指定基层人民法院统一管辖，也可以由中级人民法院提级管辖本辖区内的知识产权行政、刑事案件。

中级人民法院辖区内有多个具有一般知识产权民事纠纷案件管辖权基层人民法院的，经层报最高人民法院批准后，可以根据辖区内的案件数量、审判力量等情况对每个基层法院的辖区范围进行划分和调整。

具有一般知识产权民事纠纷案件管辖权的基层人民法院审理中级人民法院指定区域内的第一审知识产权刑事、行政案件。不具有一般知识产权民事纠纷案件管辖权的基层人民法院发现所审理案件属于知识产权行政、刑事案件的，应当及时移送中级人民法院指定的有一般知识产权民事纠纷案件管辖权的基层人民法院管辖。

中级人民法院知识产权审判庭审理本辖区内基层人民法院审结的知识产权行政、刑事上诉案件以及同级人民检察院抗诉的知识产权刑事案件。

高级人民法院知识产权审判庭审理本辖区内中级人民法院审结的知识产权行政、刑事上诉案件，知识产权行政、刑事申请再审案件以及同级人民检察院抗诉的知识产权刑事案件。

最高人民法院知识产权审判庭审理各高级人民法院审结的知识产权行政、刑事上诉案件，知识产权行政、刑事申请再审案件、最高人民检察院抗诉的知识产权刑事案件。

9. 知识产权案件案号编制、使用与管理依照最高人民法院《关于人民法院案号的若干规定》执行。案号中的类型代字为知民/知行/知刑。

三、加大力度，保障知识产权民事、行政和刑事案件审判“三合一”工作顺利推进

10. 高、中级人民法院要统筹规划本辖区内的“三合一”工作，在人员编制、经费保障、物质装备等方面大力支持“三合一”工作。要建立人民法院与公安机关、检察机关以及知识产权行政执法机关的沟通联络机制，协调公安机关、检察机关做好刑事案件的侦查和移送起诉工作。

11. 要加强审判管理，确保案件质量。加快推进和不断完善知识产权案例指导制度，确保裁判标准统一。要做好案件审理各个环节的衔接工作。要大力提高知识产权案件裁判文书质量。要对知识产权案件进行分类统计，充分利用信息化手段，加强对相关数据的分析研判。上级法院要及时开展调查研究，加强对开展“三合一”工作法院的指导和监督。

四、加强培训，加快建设一支复合型、专门化的知识产权审判队伍

12. 各级人民法院要本着立足长远的原则，以培养一支适应知识产权审判发展趋势的专门化法官队伍为目标，严格选拔审判业务骨干，确保参与知识产权审判的法官具有相应的审判业务能力和经验。

13. 最高人民法院和高级人民法院每年要适时组织针对知识产权审判“三合一”工作的专门培训，同时要注重通过网络方式加大培训覆盖面，不断提高知识产权法官的综合素质。

五、其他

14. 地方各级人民法院要及时总结交流“三合一”工作取得的经验，查找存在的问题，对带有普遍性的问题要及时层报最高人民法院。

15. 地方各级人民法院要从实际情况出发，从方便当事人诉讼、有利于知识产权司法保护的角度，综合考量本辖区内经济发展水平、交通便利条件以及各类知识产权案件数量等因素，积极稳妥地推进“三合一”工作。

北京、上海、广州知识产权法院暂不实施“三合一”工作。

16. 此前有关规定与本意见不一致的，以本意见为准。

最高人民法院关于知识产权法院案件管辖等有关问题的通知

（2014年12月24日　法〔2014〕338号）

各省、自治区、直辖市高级人民法院，解放军军事法院，新疆维吾尔自治区高级人民法院生产建设兵团分院：

为进一步明确知识产权法院案件管辖等有关问题，依法及时受理知识产权案件，保障当事人诉讼权利，根据《中华人民共和国民事诉讼法》、《中华人民共和国行政诉讼法》、《全国人民代表大会常务委员会关于在北京、上海、广州设立知识产权法院的决定》、《最高人民法院关于北京、上海、广州知识产权法院案件管辖的规定》等规定，结合审判实际，现就有关问题通知如下：

一、知识产权法院所在市辖区内的第一审知识产权民事案件，除法律和司法解释规定应由知识产权法院管辖外，由基层人民法院管辖，不受诉讼标的额的限制。

不具有知识产权民事案件管辖权的基层人民法院辖区内前款所述案件，由所在地高级人民法院报请最高人民法院指定具有知识产权民事案件管辖权的基层人民法院跨区域管辖。

二、知识产权法院对所在市的基层人民法院管辖的重大涉外或者有重大影响的第一审知识产权案件，可以根据民事诉讼法第三十八条的规定提级审理。

知识产权法院所在市的基层人民法院对其所管辖的第一审知识产权案件，认为需要由知识产权法院审理的，可以报请知识产权法院审理。

三、知识产权法院管辖所在市辖区内的第一审垄断民事纠纷案件。

广州知识产权法院对广东省内的第一审垄断民事纠纷实行跨区域管辖。

四、对知识产权法院所在市的基层人民法院已经发生法律效力的知识产权民事和行政判决、裁定、调解书，当事人依法可以向该基层人民法院或者知识产权法院申请再审。

对知识产权法院已经发生法律效力的民事和行政判决、裁定、调解书，当事人依法可以向该知识产权法院或者其所在地的高级人民法院申请再审；当事人依法向知识产权法院所在地的高级人民法院申请再审的，由该高级人民法院知识产权审判庭审理。

五、利害关系人或者当事人向知识产权法院申请证据保全、行为保全、财产保全的，知识产权法院应当依法及时受理；裁定采取相关措施的，应当立即执行。

六、知识产权法院审理的第一审案件，生效判决、裁定、调解书需要强制执行的，知识产权法院所在地的高级人民法院可指定辖区内其他中级人民法院执行。

七、本通知自2015年1月1日起施行。

施行中如有新情况，请及时层报最高人民法院。

最高人民法院关于北京、上海、广州知识产权法院案件管辖的规定

（2014年10月27日最高人民法院审判委员会第1628次会议通过 2014年10月31日最高人民法院公告公布 自2014年11月3日起施行 法释〔2014〕12号）

为进一步明确北京、上海、广州知识产权法院的案件管辖，根据《中华人民共和国民事诉讼法》《中华人民共和国行政诉讼法》《全国人民代表大会常务委员会关于在北京、上海、广州设立知识产权法院的决定》等规定，制定本规定。

第一条 知识产权法院管辖所在市辖区内的下列第一审案件：

（一）专利、植物新品种、集成电路布图设计、技术秘密、计算机软件民事和行政案件；

（二）对国务院部门或者县级以上地方人民政府所作的涉及著作权、商标、不正当竞争等行政行为提起诉讼的行政案件；

（三）涉及驰名商标认定的民事案件。

第二条 广州知识产权法院对广东省内本规定第一条第（一）项和第（三）项规定的案件实行跨区域管辖。

第三条 北京市、上海市各中级人民法院和广州市中级人民法院不再受理知识产权民事和行政案件。

广东省其他中级人民法院不再受理本规定第一条第（一）项和第（三）项规定的案件。

北京市、上海市、广东省各基层人民法院不再受理本规定第一条第（一）项和第（三）项规定的案件。

第四条 案件标的既包含本规定第一条第（一）项和第（三）项规定的内容，又包含其他内容的，按本规定第一条和第二条的规定确定管辖。

第五条 下列第一审行政案件由北京知识产权法院管辖：

（一）不服国务院部门作出的有关专利、商标、植物新品种、集成电路布图设计等知识产权的授权确权裁定或者决定的；

（二）不服国务院部门作出的有关专利、植物新品种、集成电路布图

设计的强制许可决定以及强制许可使用费或者报酬的裁决的；

（三）不服国务院部门作出的涉及知识产权授权确权的其他行政行为的。

第六条 当事人对知识产权法院所在市的基层人民法院作出的第一审著作权、商标、技术合同、不正当竞争等知识产权民事和行政判决、裁定提起的上诉案件，由知识产权法院审理。

第七条 当事人对知识产权法院作出的第一审判决、裁定提起的上诉案件和依法申请上一级法院复议的案件，由知识产权法院所在地的高级人民法院知识产权审判庭审理。

第八条 知识产权法院所在省（直辖市）的基层人民法院在知识产权法院成立前已经受理但尚未审结的本规定第一条第（一）项和第（三）项规定的案件，由该基层人民法院继续审理。

除广州市中级人民法院以外，广东省其他中级人民法院在广州知识产权法院成立前已经受理但尚未审结的本规定第一条第（一）项和第（三）项规定的案件，由该中级人民法院继续审理。

最高人民法院关于审理不正当竞争民事案件应用法律若干问题的解释

（2006年12月30日最高人民法院审判委员会第1412次会议通过　2007年1月12日最高人民法院公告公布　自2007年2月1日起施行　法释〔2007〕2号）

为了正确审理不正当竞争民事案件，依法保护经营者的合法权益，维护市场竞争秩序，依照《中华人民共和国民法通则》、《中华人民共和国反不正当竞争法》、《中华人民共和国民事诉讼法》等法律的有关规定，结合审判实践经验和实际情况，制定本解释。

第一条 在中国境内具有一定的市场知名度，为相关公众所知悉的商品，应当认定为反不正当竞争法第五条第（二）项规定的“知名商品”。人民法院认定知名商品，应当考虑该商品的销售时间、销售区域、销售额和销售对象，进行任何宣传的持续时间、程度和地域范围，作为知名商品受保护的情况等因素，进行综合判断。原告应当对其商品的市场知名度负举证责任。

在不同地域范围内使用相同或者近似的知名商品特有的名称、包装、装潢，在后使用者能够证明其善意使用的，不构成反不正当竞争法第五条第（二）项规定的不正当竞争行为。因后来的经营活动进入相同地域范围而使其商品来源足以产生混淆，在先使用者请求责令在后使用者附加足以区别商品来源的其他标识的，人民法院应当予以支持。

第二条 具有区别商品来源的显著特征的商品的名称、包装、装潢，应当认定为反不正当竞争法第五条第（二）项规定的“特有的名称、包装、装潢”。有下列情形之一的，人民法院不认定为知名商品特有的名称、包装、装潢：

（一）商品的通用名称、图形、型号；

（二）仅仅直接表示商品的质量、主要原料、功能、用途、重量、数量及其他特点的商品名称；

（三）仅由商品自身的性质产生的形状，为获得技术效果而需有的商品形状以及使商品具有实质性价值的形状；

（四）其他缺乏显著特征的商品名称、包装、装潢。

前款第（一）、（二）、（四）项规定的情形经过使用取得显著特征的，可以认定为特有的名称、包装、装潢。

知名商品特有的名称、包装、装潢中含有本商品的通用名称、图形、型号，或者直接表示商品的质量、主要原料、功能、用途、重量、数量以及其他特点，或者含有地名，他人因客观叙述商品而正当使用的，不构成不正当竞争行为。

第三条 由经营者营业场所的装饰、营业用具的式样、营业人员的服饰等构成的具有独特风格的整体营业形象，可以认定为反不正当竞争法第五条第（二）项规定的“装潢”。

第四条 足以使相关公众对商品的来源产生误认，包括误认为与知名商品的经营者具有许可使用、关联企业关系等特定联系的，应当认定为反不正当竞争法第五条第（二）项规定的“造成和他人的知名商品相混淆，使购买者误认为是该知名商品”。

在相同商品上使用相同或者视觉上基本无差别的商品名称、包装、装潢，应当视为足以造成和他人知名商品相混淆。

认定与知名商品特有名称、包装、装潢相同或者近似，可以参照商标相同或者近似的判断原则和方法。

第五条 商品的名称、包装、装潢属于商标法第十条第一款规定的不得作为商标使用的标志，当事人请求依照反不正当竞争法第五条第（二）项规定予以保护的，人民法院不予支持。

第六条 企业登记主管机关依法登记注册的企业名称，以及在中国境内进行商业使用的外国（地区）企业名称，应当认定为反不正当竞争法第五条第（三）项规定的“企业名称”。具有一定的市场知名度、为相关公众所知悉的企业名称中的字号，可以认定为反不正当竞争法第五条第（三）项规定的“企业名称”。

在商品经营中使用的自然人的姓名，应当认定为反不正当竞争法第五条第（三）项规定的“姓名”。具有一定的市场知名度、为相关公众所知悉的自然人的笔名、艺名等，可以认定为反不正当竞争法第五条第（三）项规定的“姓名”。

第七条 在中国境内进行商业使用，包括将知名商品特有的名称、包装、装潢或者企业名称、姓名用于商品、商品包装以及商品交易文书上，或者用于广告宣传、展览以及其他商业活动中，应当认定为反不正当竞争法第五条第（二）项、第（三）项规定的“使用”。

第八条 经营者具有下列行为之一，足以造成相关公众误解的，可以认定为反不正当竞争法第九条第一款规定的引人误解的虚假宣传行为：

（一）对商品作片面的宣传或者对比的；

（二）将科学上未定论的观点、现象等当作定论的事实用于商品宣传的；

（三）以歧义性语言或者其他引人误解的方式进行商品宣传的。

以明显的夸张方式宣传商品，不足以造成相关公众误解的，不属于引人误解的虚假宣传行为。

人民法院应当根据日常生活经验、相关公众一般注意力、发生误解的事实和被宣传对象的实际情况等因素，对引人误解的虚假宣传行为进行认定。

第九条 有关信息不为其所属领域的相关人员普遍知悉和容易获得，应当认定为反不正当竞争法第十条第三款规定的“不为公众所知悉”。

具有下列情形之一的，可以认定有关信息不构成不为公众所知悉：

（一）该信息为其所属技术或者经济领域的人的一般常识或者行业惯例；

（二）该信息仅涉及产品的尺寸、结构、材料、部件的简单组合等内容，进入市场后相关公众通过观察产品即可直接获得；

（三）该信息已经在公开出版物或者其他媒体上公开披露；

（四）该信息已通过公开的报告会、展览等方式公开；

（五）该信息从其他公开渠道可以获得；

（六）该信息无需付出一定的代价而容易获得。

第十条 有关信息具有现实的或者潜在的商业价值，能为权利人带来竞争优势的，应当认定为反不正当竞争法第十条第三款规定的“能为权利人带来经济利益、具有实用性”。

第十一条 权利人为防止信息泄漏所采取的与其商业价值等具体情况相适应的合理保护措施，应当认定为反不正当竞争法第十条第三款规定的“保密措施”。

人民法院应当根据所涉信息载体的特性、权利人保密的意愿、保密措施的可识别程度、他人通过正当方式获得的难易程度等因素，认定权利人是否采取了保密措施。

具有下列情形之一，在正常情况下足以防止涉密信息泄漏的，应当认定权利人采取了保密措施：

（一）限定涉密信息的知悉范围，只对必须知悉的相关人员告知其内容；

（二）对于涉密信息载体采取加锁等防范措施；

（三）在涉密信息的载体上标有保密标志；

（四）对于涉密信息采用密码或者代码等；

（五）签订保密协议；

（六）对于涉密的机器、厂房、车间等场所限制来访者或者提出保密要求；

（七）确保信息秘密的其他合理措施。

第十二条 通过自行开发研制或者反向工程等方式获得的商业秘密，不认定为反不正当竞争法第十条第（一）、（二）项规定的侵犯商业秘密行为。

前款所称“反向工程”，是指通过技术手段对从公开渠道取得的产品进行拆卸、测绘、分析等而获得该产品的有关技术信息。当事人以不正当手段知悉了他人的商业秘密之后，又以反向工程为由主张获取行为合法的，不予支持。

第十三条 商业秘密中的客户名单，一般是指客户的名称、地址、联系方式以及交易的习惯、意向、内容等构成的区别于相关公知信息的特殊客户信息，包括汇集众多客户的客户名册，以及保持长期稳定交易关系的特定客户。

客户基于对职工个人的信赖而与职工所在单位进行市场交易，该职工离职后，能够证明客户自愿选择与自己或者其新单位进行市场交易的，应当认定没有采用不正当手段，但职工与原单位另有约定的除外。

第十四条 当事人指称他人侵犯其商业秘密的，应当对其拥有的商业秘密符合法定条件、对方当事人的信息与其商业秘密相同或者实质相同以及对方当事人采取不正当手段的事实负举证责任。其中，商业秘密符合法定条件的证据，包括商业秘密的载体、具体内容、商业价值和对该项商业秘密所采取的具体保密措施等。

第十五条 对于侵犯商业秘密行为，商业秘密独占使用许可合同的被许可人提起诉讼的，人民法院应当依法受理。

排他使用许可合同的被许可人和权利人共同提起诉讼，或者在权利人不起诉的情况下，自行提起诉讼，人民法院应当依法受理。

普通使用许可合同的被许可人和权利人共同提起诉讼，或者经权利人书面授权，单独提起诉讼的，人民法院应当依法受理。

第十六条 人民法院对于侵犯商业秘密行为判决停止侵害的民事责任时，停止侵害的时间一般持续到该项商业秘密已为公众知悉时为止。

依据前款规定判决停止侵害的时间如果明显不合理的，可以在依法保护权利人该项商业秘密竞争优势的情况下，判决侵权人在一定期限或者范围内停止使用该项商业秘密。

第十七条 确定反不正当竞争法第十条规定的侵犯商业秘密行为的损害赔偿额，可以参照确定侵犯专利权的损害赔偿额的方法进行；确定反不正当竞争法第五条、第九条、第十四条规定的不正当竞争行为的损害赔偿额，可以参照确定侵犯注册商标专用权的损害赔偿额的方法进行。

因侵权行为导致商业秘密已为公众所知悉的，应当根据该项商业秘密的商业价值确定损害赔偿额。商业秘密的商业价值，根据其研究开发成本、实施该项商业秘密的收益、可得利益、可保持竞争优势的时间等因素确定。

第十八条 反不正当竞争法第五条、第九条、第十条、第十四条规定的不正当竞争民事第一审案件，一般由中级人民法院管辖。

各高级人民法院根据本辖区的实际情况，经最高人民法院批准，可以确定若干基层人民法院受理不正当竞争民事第一审案件，已经批准可以审理知识产权民事案件的基层人民法院，可以继续受理。

第十九条 本解释自二〇〇七年二月一日起施行。

二、商标注册与评审

商标评审规则

（1995 年 11 月 2 日国家工商行政管理局令第 37 号公布　根据 2002 年 9 月 17 日国家工商行政管理总局令第 3 号第一次修订　根据 2005 年 9 月 26 日国家工商行政管理总局令第 20 号第二次修订　根据 2014 年 5 月 28 日国家工商行政管理总局令第 65 号第三次修订）

第一章　总　　则

第一条　为规范商标评审程序，根据《中华人民共和国商标法》（以下简称商标法）和《中华人民共和国商标法实施条例》（以下简称实施条例），制定本规则。

第二条　根据商标法及实施条例的规定，国家工商行政管理总局商标评审委员会（以下简称商标评审委员会）负责处理下列商标评审案件：

（一）不服国家工商行政管理总局商标局（以下简称商标局）驳回商标注册申请决定，依照商标法第三十四条规定申请复审的案件；

（二）不服商标局不予注册决定，依照商标法第三十五条第三款规定申请复审的案件；

（三）对已经注册的商标，依照商标法第四十四条第一款、第四十五条第一款规定请求无效宣告的案件；

（四）不服商标局宣告注册商标无效决定，依照商标法第四十四条第二款规定申请复审的案件；

（五）不服商标局撤销或者不予撤销注册商标决定，依照商标法第五十四条规定申请复审的案件。

在商标评审程序中，前款第（一）项所指请求复审的商标统称为申请商标，第（二）项所指请求复审的商标统称为被异议商标，第（三）项所指请求无效宣告的商标统称为争议商标，第（四）、（五）项所指请求复审的商标统称为复审商标。本规则中，前述商标统称为评审商标。

第三条 当事人参加商标评审活动，可以以书面方式或者数据电文方式办理。

数据电文方式办理的具体办法由商标评审委员会另行制定。

第四条 商标评审委员会审理商标评审案件实行书面审理，但依照实施条例第六十条规定决定进行口头审理的除外。

口头审理的具体办法由商标评审委员会另行制定。

第五条 商标评审委员会根据商标法、实施条例和本规则做出的决定和裁定，应当以书面方式或者数据电文方式送达有关当事人，并说明理由。

第六条 除本规则另有规定外，商标评审委员会审理商标评审案件实行合议制度，由三名以上的单数商标评审人员组成合议组进行审理。

合议组审理案件，实行少数服从多数的原则。

第七条 当事人或者利害关系人依照实施条例第七条的规定申请商标评审人员回避的，应当以书面方式办理，并说明理由。

第八条 在商标评审期间，当事人有权依法处分自己的商标权和与商标评审有关的权利。在不损害社会公共利益、第三方权利的前提下，当事人之间可以自行或者经调解以书面方式达成和解。

对于当事人达成和解的案件，商标评审委员会可以结案，也可以做出决定或者裁定。

第九条 商标评审案件的共同申请人和共有商标的当事人办理商标评审事宜，应当依照实施条例第十六条第一款的规定确定一个代表人。

代表人参与评审的行为对其所代表的当事人发生效力，但代表人变更、放弃评审请求或者承认对方当事人评审请求的，应当有被代表的当事人书面授权。

商标评审委员会的文件应当送达代表人。

第十条 外国人或者外国企业办理商标评审事宜，在中国有经常居所或者营业所的，可以委托依法设立的商标代理机构办理，也可以直接办理；在中国没有经常居所或者营业所的，应当委托依法设立的商标代理机构办理。

第十一条 代理权限发生变更、代理关系解除或者变更代理人的，当事人应当及时书面告知商标评审委员会。

第十二条 当事人及其代理人可以申请查阅本案有关材料。

第二章 申请与受理

第十三条 申请商标评审，应当符合下列条件：

（一）申请人须有合法的主体资格；

（二）在法定期限内提出；

（三）属于商标评审委员会的评审范围；

（四）依法提交符合规定的申请书及有关材料；

（五）有明确的评审请求、事实、理由和法律依据；

（六）依法缴纳评审费用。

第十四条 申请商标评审，应当向商标评审委员会提交申请书；有被申请人的，应当按照被申请人的数量提交相应份数的副本；评审商标发生转让、移转、变更，已向商标局提出申请但是尚未核准公告的，当事人应当提供相应的证明文件；基于商标局的决定书申请复审的，还应当同时附送商标局的决定书。

第十五条 申请书应当载明下列事项：

（一）申请人的名称、通信地址、联系人和联系电话。评审申请有被申请人的，应当载明被申请人的名称和地址。委托商标代理机构办理商标评审事宜的，还应当载明商标代理机构的名称、地址、联系人和联系电话；

（二）评审商标及其申请号或者初步审定号、注册号和刊登该商标的《商标公告》的期号；

（三）明确的评审请求和所依据的事实、理由及法律依据。

第十六条 商标评审申请不符合本规则第十三条第（一）、（二）、（三）、（六）项规定条件之一的，商标评审委员会不予受理，书面通知申请人，并说明理由。

第十七条 商标评审申请不符合本规则第十三条第（四）、（五）项规定条件之一的，或者未按照实施条例和本规则规定提交有关证明文件的，或者有其他需要补正情形的，商标评审委员会应当向申请人发出补正通知，申请人应当自收到补正通知之日起三十日内补正。

经补正仍不符合规定的，商标评审委员会不予受理，书面通知申请人，并说明理由。未在规定期限内补正的，依照实施条例第五十七条规定，视为申请人撤回评审申请，商标评审委员会应当书面通知申请人。

第十八条 商标评审申请经审查符合受理条件的，商标评审委员会应当在三十日内向申请人发出《受理通知书》。

第十九条 商标评审委员会已经受理的商标评审申请，有下列情形之一的，属于不符合受理条件，应当依照实施条例第五十七条规定予以驳回：

（一）违反实施条例第六十二条规定，申请人撤回商标评审申请后，又以相同的事实和理由再次提出评审申请的；

（二）违反实施条例第六十二条规定，对商标评审委员会已经做出的裁定或者决定，以相同的事实和理由再次提出评审申请的；

（三）其他不符合受理条件的情形。

对经不予注册复审程序予以核准注册的商标提起宣告注册商标无效的，不受前款第（二）项规定限制。

商标评审委员会驳回商标评审申请，应当书面通知申请人，并说明理由。

第二十条 当事人参加评审活动，应当按照对方当事人的数量，提交相应份数的申请书、答辩书、意见书、质证意见及证据材料副本，副本内容应当与正本内容相同。不符合前述要求且经补正仍不符合要求的，依照本规则第十七条第二款的规定，不予受理评审申请，或者视为未提交相关材料。

第二十一条 评审申请有被申请人的，商标评审委员会受理后，应当及时将申请书副本及有关证据材料送达被申请人。被申请人应当自收到申请材料之日起三十日内向商标评审委员会提交答辩书及其副本；未在规定期限内答辩的，不影响商标评审委员会的评审。

商标评审委员会审理不服商标局不予注册决定的复审案件，应当通知原异议人参加并提出意见。原异议人应当在收到申请材料之日起三十日内向商标评审委员会提交意见书及其副本；未在规定期限内提出意见的，不影响案件审理。

第二十二条 被申请人参加答辩和原异议人参加不予注册复审程序应当有合法的主体资格。

商标评审答辩书、意见书及有关证据材料应当按照规定的格式和要求填写、提供。

不符合第二款规定或者有其他需要补正情形的，商标评审委员会向被申请人或者原异议人发出补正通知，被申请人或者原异议人应当自收到补正通知之日起三十日内补正。经补正仍不符合规定或者未在法定期限内补正的，视为未答辩或者未提出意见，不影响商标评审委员会的评审。

第二十三条 当事人需要在提出评审申请或者答辩后补充有关证据材料的，应当在申请书或者答辩书中声明，并自提交申请书或者答辩书之日起三个月内一次性提交；未在申请书或者答辩书中声明或者期满未提交的，视为放弃补充证据材料。但是，在期满后生成或者当事人有其他正当理由未能在期满前提交的证据，在期满后提交的，商标评审委员会将证据交对方当事人并质证后可以采信。

对当事人在法定期限内提供的证据材料，有对方当事人的，商标评审委员会应当将该证据材料副本送达给对方当事人。当事人应当在收到证据材料副本之日起三十日内进行质证。

第二十四条 当事人应当对其提交的证据材料逐一分类编号和制作目录清单，对证据材料的来源、待证的具体事实作简要说明，并签名盖章。

商标评审委员会收到当事人提交的证据材料后，应当按目录清单核对证据材料，并由经办人员在回执上签收，注明提交日期。

第二十五条 当事人名称或者通信地址等事项发生变更的，应当及时通知商标评审委员会，并依需要提供相应的证明文件。

第二十六条 在商标评审程序中，当事人的商标发生转让、移转的，受让人或者承继人应当及时以书面方式声明承受相关主体地位，参加后续评审程序并承担相应的评审后果。

未书面声明且不影响评审案件审理的，商标评审委员会可以将受让人或者承继人列为当事人做出决定或者裁定。

第三章 审　　理

第二十七条 商标评审委员会审理商标评审案件实行合议制度。但有下列情形之一的案件，可以由商标评审人员一人独任评审：

（一）仅涉及商标法第三十条和第三十一条所指在先商标权利冲突的案件中，评审时权利冲突已消除的；

（二）被请求撤销或者无效宣告的商标已经丧失专用权的；

（三）依照本规则第三十二条规定应当予以结案的；

（四）其他可以独任评审的案件。

第二十八条　当事人或者利害关系人依照实施条例第七条和本规则第七条的规定对商标评审人员提出回避申请的，被申请回避的商标评审人员在商标评审委员会做出是否回避的决定前，应当暂停参与本案的审理工作。

商标评审委员会在做出决定、裁定后收到当事人或者利害关系人提出的回避申请的，不影响评审决定、裁定的有效性。但评审人员确实存在需要回避的情形的，商标评审委员会应当依法做出处理。

第二十九条　商标评审委员会审理商标评审案件，应当依照实施条例第五十二条、第五十三条、第五十四条、第五十五条、第五十六条的规定予以审理。

第三十条　经不予注册复审程序予以核准注册的商标，原异议人向商标评审委员会请求无效宣告的，商标评审委员会应当另行组成合议组进行审理。

第三十一条　依照商标法第三十五条第四款、第四十五条第三款和实施条例第十一条第（五）项的规定，需要等待在先权利案件审理结果的，商标评审委员会可以决定暂缓审理该商标评审案件。

第三十二条　有下列情形之一的，终止评审，予以结案：

（一）申请人死亡或者终止后没有继承人或者继承人放弃评审权利的；

（二）申请人撤回评审申请的；

（三）当事人自行或者经调解达成和解协议，可以结案的；

（四）其他应当终止评审的情形。

商标评审委员会予以结案，应当书面通知有关当事人，并说明理由。

第三十三条　合议组审理案件应当制作合议笔录，并由合议组成员签名。合议组成员有不同意见的，应当如实记入合议笔录。

经审理终结的案件，商标评审委员会依法做出决定、裁定。

第三十四条　商标评审委员会做出的决定、裁定应当载明下列内容：

（一）当事人的评审请求、争议的事实、理由和证据；

（二）决定或者裁定认定的事实、理由和适用的法律依据；

（三）决定或者裁定结论；

（四）可以供当事人选用的后续程序和时限；

（五）决定或者裁定做出的日期。

决定、裁定由合议组成员署名，加盖商标评审委员会印章。

第三十五条 对商标评审委员会做出的决定、裁定，当事人不服向人民法院起诉的，应当在向人民法院递交起诉状的同时或者至迟十五日内将该起诉状副本抄送或者另行将起诉信息书面告知商标评审委员会。

除商标评审委员会做出的准予初步审定或者予以核准注册的决定外，商标评审委员会自发出决定、裁定之日起四个月内未收到来自人民法院应诉通知或者当事人提交的起诉状副本、书面起诉通知的，该决定、裁定移送商标局执行。

商标评审委员会自收到当事人提交的起诉状副本或者书面起诉通知之日起四个月内未收到来自人民法院应诉通知的，相关决定、裁定移送商标局执行。

第三十六条 在一审行政诉讼程序中，若因商标评审决定、裁定所引证的商标已经丧失在先权利导致决定、裁定事实认定、法律适用发生变化的，在原告撤诉的情况下，商标评审委员会可以撤回原决定或者裁定，并依据新的事实，重新做出商标评审决定或者裁定。

商标评审决定、裁定送达当事人后，商标评审委员会发现存在文字错误等非实质性错误的，可以向评审当事人发送更正通知书对错误内容进行更正。

第三十七条 商标评审决定、裁定经人民法院生效判决撤销的，商标评审委员会应当重新组成合议组，及时审理，并做出重审决定、裁定。

重审程序中，商标评审委员会对当事人新提出的评审请求和法律依据不列入重审范围；对当事人补充提交的足以影响案件审理结果的证据可以予以采信，有对方当事人的，应当送达对方当事人予以质证。

第四章　证据规则

第三十八条 当事人对自己提出的评审请求所依据的事实或者反驳对方评审请求所依据的事实有责任提供证据加以证明。

证据包括书证、物证、视听资料、电子数据、证人证言、鉴定意见、当事人的陈述等。

没有证据或者证据不足以证明当事人的事实主张的，由负有举证责任的当事人承担不利后果。

一方当事人对另一方当事人陈述的案件事实明确表示承认的，另一方当事人无需举证，但商标评审委员会认为确有必要举证的除外。

当事人委托代理人参加评审的，代理人的承认视为当事人的承认。但未经特别授权的代理人对事实的承认直接导致承认对方评审请求的除外；当事人在场但对其代理人的承认不作否认表示的，视为当事人的承认。

第三十九条 下列事实，当事人无需举证证明：

（一）众所周知的事实；

（二）自然规律及定理；

（三）根据法律规定或者已知事实和日常生活经验法则，能推定出的另一事实；

（四）已为人民法院发生法律效力的裁判所确认的事实；

（五）已为仲裁机构的生效裁决所确认的事实；

（六）已为有效公证文书所证明的事实。

前款（一）、（三）、（四）、（五）、（六）项，有相反证据足以推翻的除外。

第四十条 当事人向商标评审委员会提供书证的，应当提供原件，包括原本、正本和副本。提供原件有困难的，可以提供相应的复印件、照片、节录本；提供由有关部门保管的书证原件的复制件、影印件或者抄录件的，应当注明出处，经该部门核对无异后加盖其印章。

当事人向商标评审委员会提供物证的，应当提供原物。提供原物有困难的，可以提供相应的复制件或者证明该物证的照片、录像等其他证据；原物为数量较多的种类物的，可以提供其中的一部分。

一方当事人对另一方当事人所提书证、物证的复制件、照片、录像等存在怀疑并有相应证据支持的，或者商标评审委员会认为有必要的，被质疑的当事人应当提供或者出示有关证据的原件或者经公证的复印件。

第四十一条 当事人向商标评审委员会提供的证据系在中华人民共和国领域外形成，或者在香港、澳门、台湾地区形成，对方当事人对该证据的真实性存在怀疑并有相应证据支持的，或者商标评审委员会认为必要的，应当依照有关规定办理相应的公证认证手续。

第四十二条 当事人向商标评审委员会提供外文书证或者外文说明资料，应当附有中文译文。未提交中文译文的，该外文证据视为未提交。

对方当事人对译文具体内容有异议的，应当对有异议的部分提交中文译文。必要时，可以委托双方当事人认可的单位对全文，或者所使用或者有异议的部分进行翻译。

双方当事人对委托翻译达不成协议的，商标评审委员会可以指定专业翻译单位对全文，或者所使用的或者有异议的部分进行翻译。委托翻译所需费用由双方当事人各承担50%；拒绝支付翻译费用的，视为其承认对方提交的译文。

第四十三条 对单一证据有无证明力和证明力大小可以从下列方面进行审核认定：

（一）证据是否原件、原物，复印件、复制品与原件、原物是否相符；

（二）证据与本案事实是否相关；

（三）证据的形式、来源是否符合法律规定；

（四）证据的内容是否真实；

（五）证人或者提供证据的人，与当事人有无利害关系。

第四十四条 评审人员对案件的全部证据，应当从各证据与案件事实的关联程度、各证据之间的联系等方面进行综合审查判断。

有对方当事人的，未经交换质证的证据不应当予以采信。

第四十五条 下列证据不能单独作为认定案件事实的依据：

（一）未成年人所作的与其年龄和智力状况不相适应的证言；

（二）与一方当事人有亲属关系、隶属关系或者其他密切关系的证人所作的对该当事人有利的证言，或者与一方当事人有不利关系的证人所作的对该当事人不利的证言；

（三）应当参加口头审理作证而无正当理由不参加的证人证言；

（四）难以识别是否经过修改的视听资料；

（五）无法与原件、原物核对的复制件或者复制品；

（六）经一方当事人或者他人改动，对方当事人不予认可的证据材料；

（七）其他不能单独作为认定案件事实依据的证据材料。

第四十六条 一方当事人提出的下列证据，对方当事人提出异议但没有足以反驳的相反证据的，商标评审委员会应当确认其证明力：

（一）书证原件或者与书证原件核对无误的复印件、照片、副本、节录本；

（二）物证原物或者与物证原物核对无误的复制件、照片、录像资料等；

（三）有其他证据佐证并以合法手段取得的、无疑点的视听资料或者与视听资料核对无误的复制件。

第四十七条 一方当事人委托鉴定部门做出的鉴定结论，另一方当事人没有足以反驳的相反证据和理由的，可以确认其证明力。

第四十八条 一方当事人提出的证据，另一方当事人认可或者提出的相反证据不足以反驳的，商标评审委员会可以确认其证明力。

一方当事人提出的证据，另一方当事人有异议并提出反驳证据，对方当事人对反驳证据认可的，可以确认反驳证据的证明力。

第四十九条 双方当事人对同一事实分别举出相反的证据，但都没有足够的依据否定对方证据的，商标评审委员会应当结合案件情况，判断一方提供证据的证明力是否明显大于另一方提供证据的证明力，并对证明力较大的证据予以确认。

因证据的证明力无法判断导致争议事实难以认定的，商标评审委员会应当依据举证责任分配原则做出判断。

第五十条 评审程序中，当事人在申请书、答辩书、陈述及其委托代理人的代理词中承认的对己方不利的事实和认可的证据，商标评审委员会应当予以确认，但当事人反悔并有相反证据足以推翻的除外。

第五十一条 商标评审委员会就数个证据对同一事实的证明力，可以依照下列原则认定：

（一）国家机关以及其他职能部门依职权制作的公文文书优于其他书证；

（二）鉴定结论、档案材料以及经过公证或者登记的书证优于其他书证、视听资料和证人证言；

（三）原件、原物优于复制件、复制品；

（四）法定鉴定部门的鉴定结论优于其他鉴定部门的鉴定结论；

（五）原始证据优于传来证据；

（六）其他证人证言优于与当事人有亲属关系或者其他密切关系的证人提供的对该当事人有利的证言；

（七）参加口头审理作证的证人证言优于未参加口头审理作证的证人证言；

（八）数个种类不同、内容一致的证据优于一个孤立的证据。

第五章　期间、送达

第五十二条 期间包括法定期间和商标评审委员会指定的期间。期间应当依照实施条例第十二条的规定计算。

第五十三条 当事人向商标评审委员会提交的文件或者材料的日期，

直接递交的，以递交日为准；邮寄的，以寄出的邮戳日为准；邮戳日不清晰或者没有邮戳的，以商标评审委员会实际收到日为准，但是当事人能够提出实际邮戳日证据的除外。通过邮政企业以外的快递企业递交的，以快递企业收寄日为准；收寄日不明确的，以商标评审委员会实际收到日为准，但是当事人能够提出实际收寄日证据的除外。以数据电文方式提交的，以进入商标评审委员会电子系统的日期为准。

当事人向商标评审委员会邮寄文件，应当使用给据邮件。

当事人向商标评审委员会提交文件，应当在文件中标明商标申请号或者注册号、申请人名称。提交的文件内容，以书面方式提交的，以商标评审委员会所存档案记录为准；以数据电文方式提交的，以商标评审委员会数据库记录为准，但是当事人确有证据证明商标评审委员会档案、数据库记录有错误的除外。

第五十四条 商标评审委员会的各种文件，可以通过邮寄、直接递交、数据电文或者其他方式送达当事人；以数据电文方式送达当事人的，应当经当事人同意。当事人委托商标代理机构的，文件送达商标代理机构视为送达当事人。

商标评审委员会向当事人送达各种文件的日期，邮寄的，以当事人收到的邮戳日为准；邮戳日不清晰或者没有邮戳的，自文件发出之日起满十五日，视为送达当事人，但当事人能够证明实际收到日的除外；直接递交的，以递交日为准。以数据电文方式送达的，自文件发出之日满十五日，视为送达当事人；文件通过上述方式无法送达的，可以通过公告方式送达当事人，自公告发布之日起满三十日，该文件视为已经送达。

商标评审委员会向当事人邮寄送达文件被退回后通过公告送达的，后续文件均采取公告送达方式，但当事人在公告送达后明确告知通信地址的除外。

第五十五条 依照实施条例第五条第三款的规定，商标评审案件的被申请人或者原异议人是在中国没有经常居所或者营业所的外国人或者外国企业的，由该评审商标注册申请书中载明的国内接收人负责接收商标评审程序的有关法律文件；商标评审委员会将有关法律文件送达该国内接收人，视为送达当事人。

依照前款规定无法确定国内接收人的，由商标局原审程序中的或者最后一个申请办理该商标相关事宜的商标代理机构承担商标评审程序中有关法律文件的签收及转达义务；商标评审委员会将有关法律文件送达该商标代理机构。商标代理机构在有关法律文件送达之前已经与国外当事人解除商标代理关系的，应当以书面形式向商标评审委员会说明有关情况，并自收到文件之日起十日内将有关法律文件交回商标评审委员会，由商标评审委员会另行送达。

马德里国际注册商标涉及国际局转发相关书件的，应当提交相应的送达证据。未提交的，应当书面说明原因，自国际局发文之日起满十五日视为送达。

上述方式无法送达的，公告送达。

第六章　附　　则

第五十六条　从事商标评审工作的国家机关工作人员玩忽职守、滥用职权、徇私舞弊，违法办理商标评审事项，收受当事人财物，牟取不正当利益的，依法给予处分。

第五十七条　对于当事人不服商标局做出的驳回商标注册申请决定在2014年5月1日以前向商标评审委员会提出复审申请，商标评审委员会于2014年5月1日以后（含5月1日，下同）审理的案件，适用修改后的商标法。

对于当事人不服商标局做出的异议裁定在2014年5月1日以前向商标评审委员会提出复审申请，商标评审委员会于2014年5月1日以后审理的案件，当事人提出异议和复审的主体资格适用修改前的商标法，其他程序问题和实体问题适用修改后的商标法。

对于已经注册的商标，当事人在2014年5月1日以前向商标评审委员会提出争议和撤销复审申请，商标评审委员会于2014年5月1日以后审理的案件，相关程序问题适用修改后的商标法，实体问题适用修改前的商标法。

对于当事人在2014年5月1日以前向商标评审委员会提出申请的商标评审案件，应当自2014年5月1日起开始计算审理期限。

第五十八条　办理商标评审事宜的文书格式，由商标评审委员会制定并公布。

第五十九条　本规则由国家工商行政管理总局负责解释。

第六十条　本规则自2014年6月1日起施行

集体商标、证明商标注册和管理办法

（2003年4月17日国家工商行政管理总局令第6号　自2003年6月1日起施行）

第一条　根据《中华人民共和国商标法》（以下简称《商标法》）第三条的规定，制定本办法。

第二条　集体商标、证明商标的注册和管理，依照商标法、《中华人民共和国商标法实施条例》（以下简称实施条例）和本办法的有关规定进行。

第三条　本办法有关商品的规定，适用于服务。

第四条　申请集体商标注册的，应当附送主体资格证明文件并应当详细说明该集体组织成员的名称和地址；以地理标志作为集体商标申请注册的，应当附送主体资格证明文件并应当详细说明其所具有的或者其委托的机构具有的专业技术人员、专业检测设备等情况，以表明其具有监督使用该地理标志商品的特定品质的能力。

申请以地理标志作为集体商标注册的团体、协会或者其他组织，应当由来自该地理标志标示的地区范围内的成员组成。

第五条　申请证明商标注册的，应当附送主体资格证明文件并应当详细说明其所具有的或者其委托的机构具有的专业技术人员、专业检测设备等情况，以表明其具有监督该证明商标所证明的特定商品品质的能力。

第六条　申请以地理标志作为集体商标、证明商标注册的，还应当附送管辖该地理标志所标示地区的人民政府或者行业主管部门的批准文件。

外国人或者外国企业申请以地理标志作为集体商标、证明商标注册的，申请人应当提供该地理标志以其名义在其原属国受法律保护的证明。

第七条　以地理标志作为集体商标、证明商标注册的，应当在申请书件中说明下列内容：

（一）该地理标志所标示的商品的特定质量、信誉或者其他特征；

（二）该商品的特定质量、信誉或者其他特征与该地理标志所标示的地区的自然因素和人文因素的关系；

（三）该地理标志所标示的地区的范围。

第八条 作为集体商标、证明商标申请注册的地理标志，可以是该地理标志标示地区的名称，也可以是能够标示某商品来源于该地区的其他可视性标志。

前款所称地区无需与该地区的现行行政区划名称、范围完全一致。

第九条 多个葡萄酒地理标志构成同音字或者同形字的，在这些地理标志能够彼此区分且不误导公众的情况下，每个地理标志都可以作为集体商标或者证明商标申请注册。

第十条 集体商标的使用管理规则应当包括：

（一）使用集体商标的宗旨；

（二）使用该集体商标的商品的品质；

（三）使用该集体商标的手续；

（四）使用该集体商标的权利、义务；

（五）成员违反其使用管理规则应当承担的责任；

（六）注册人对使用该集体商标商品的检验监督制度。

第十一条 证明商标的使用管理规则应当包括：

（一）使用证明商标的宗旨；

（二）该证明商标证明的商品的特定品质；

（三）使用该证明商标的条件；

（四）使用该证明商标的手续；

（五）使用该证明商标的权利、义务；

（六）使用人违反该使用管理规则应当承担的责任；

（七）注册人对使用该证明商标商品的检验监督制度。

第十二条 使用他人作为集体商标、证明商标注册的葡萄酒、烈性酒地理标志标示并非来源于该地理标志所标示地区的葡萄酒、烈性酒，即使同时标出了商品的真正来源地，或者使用的是翻译文字，或者伴有诸如某某“种”、某某“型”、某某“式”、某某“类”等表述的，适用《商标法》第十六条的规定。

第十三条 集体商标、证明商标的初步审定公告的内容，应当包括该商标的使用管理规则的全文或者摘要。

集体商标、证明商标注册人对使用管理规则的任何修改，应报经商标局审查核准，并自公告之日起生效。

第十四条 集体商标注册人的成员发生变化的，注册人应当向商标局申请变更注册事项，由商标局公告。

第十五条 证明商标注册人准许他人使用其商标的，注册人应当在一年内报商标局备案，由商标局公告。

第十六条 申请转让集体商标、证明商标的，受让人应当具备相应的主体资格，并符合商标法、实施条例和本办法的规定。

集体商标、证明商标发生移转的，权利继受人应当具备相应的主体资格，并符合商标法、实施条例和本办法的规定。

第十七条 集体商标注册人的集体成员，在履行该集体商标使用管理规则规定的手续后，可以使用该集体商标。

集体商标不得许可非集体成员使用。

第十八条 凡符合证明商标使用管理规则规定条件的，在履行该证明商标使用管理规则规定的手续后，可以使用该证明商标，注册人不得拒绝办理手续。

《实施条例》第六条第二款中的正当使用该地理标志是指正当使用该地理标志中的地名。

第十九条 使用集体商标的，注册人应发给使用人《集体商标使用证》；使用证明商标的，注册人应发给使用人《证明商标使用证》。

第二十条 证明商标的注册人不得在自己提供的商品上使用该证明商标。

第二十一条 集体商标、证明商标注册人没有对该商标的使用进行有效管理或者控制，致使该商标使用的商品达不到其使用管理规则的要求，对消费者造成损害的，由工商行政管理部门责令限期改正；拒不改正的，处以违法所得3倍以下的罚款，但最高不超过3万元；没有违法所得的，处以1万元以下的罚款。

第二十二条 违反《实施条例》第六条、本办法第十四条、第十五条、第十七条、第十八条、第二十条规定的，由工商行政管理部门责令限期改正；拒不改正的，处以违法所得3倍以下的罚款，但最高不超过3万元；没有违法所得的，处以1万元以下的罚款。

第二十三条 本办法自2003年6月1日起施行。国家工商行政管理局1994年12月30日发布的《集体商标、证明商标注册和管理办法》同时废止。

国家工商行政管理总局商标局关于在第16类“报纸、期刊、杂志（期刊）、新闻刊物”四种商品上申请注册商标注意事项的通知

（2009年2月17日　商标综字〔2009〕第39号）

商标申请人、各商标代理机构：

《中华人民共和国商标法》第十条对不得作为商标使用的标志作出了明确的规定。但在第16类“报纸、期刊、杂志（期刊）、新闻刊物”四种商品上申请注册的商标，其整体是国家出版行政部门批准的报纸、期刊、杂志名称的，可以初步审定。因此，商标申请人在第16类“报纸、期刊、杂志（期刊）、新闻刊物”四种商品上申请注册商标的，除按照商标注册申请的有关规定提交材料外，还应注意以下事项：

一、申请注册的商标属于以下情形之一的，商标申请人应当向商标局提交国家出版行政部门核发的报纸、期刊出版许可证（复印件）：

（一）同我国的国家名称相同或者近似的，以及同中央国家机关所在地特定地点的名称或者标志性建筑物的名称相同的；

（二）由县级以上行政区划的地名构成，或者含有县级以上行政区划的地名的；

（三）属于《中华人民共和国商标法》第十条规定的其他情形，商标局需核对国家出版行政部门核发的报纸、期刊出版许可证的。

二、商标申请人提交的报纸、期刊出版许可证（复印件）应当符合以下要求：

（一）商标申请人名义应与所提交的报纸、期刊出版许可证上显示的持有人名义一致。

（二）商标申请人申请注册的商标名称应与所提交的报纸、期刊出版许可证上显示的国家出版行政部门批准使用的报纸、期刊名称相同。

三、商标申请人可以通过以下两种途径提交报纸、期刊出版许可证（复印件）：

（一）在提出商标注册申请时提交。商标申请人可在提出商标注册申请时将报纸、期刊出版许可证（复印件）与商标注册申请材料一并提交到商标局。

（二）在商标注册补正程序中提交。我局在商标审查过程中，将依法向未在提出商标注册申请的同时提交有效的报纸、期刊出版许可证（复印件）的相关商标申请人发出《商标补正通知书》。商标申请人在收到此类《商标补正通知书》后，应在规定时限内通过补正回文程序提交报纸、期刊出版许可证（复印件）。

特此通知。

三、商标使用与管理

商标印制管理办法

（2004年8月19日国家工商行政管理总局令第15号发布 自2004年9月1日起施行）

第一条 为了加强商标印制管理，保护注册商标专用权，维护社会主义市场经济秩序，根据《中华人民共和国商标法》、《中华人民共和国商标法实施条例》（以下分别简称《商标法》、《商标法实施条例》）的有关规定，制定本办法。

第二条 以印刷、印染、制版、刻字、织字、晒蚀、印铁、铸模、冲压、烫印、贴花等方式制作商标标识的，应当遵守本办法。

第三条 商标印制委托人委托商标印制单位印制商标的，应当出示营业执照副本或者合法的营业证明或者身份证明。

第四条 商标印制委托人委托印制注册商标的，应当出示《商标注册证》或者由注册人所在地县级工商行政管理局签章的《商标注册证》复印件，并另行提供一份复印件。

签订商标使用许可合同使用他人注册商标，被许可人需印制商标的，还应当出示商标使用许可合同文本并提供一份复印件；商标注册人单独授权被许可人印制商标的，除出示由注册人所在地县级工商行政管理局签章的《商标注册证》复印件外，还应当出示授权书并提供一份复印件。

第五条 委托印制注册商标的，商标印制委托人提供的有关证明文件及商标图样应当符合下列要求：

（一）所印制的商标样稿应当与《商标注册证》上的商标图样相同；

（二）被许可人印制商标标识的，应有明确的授权书，或其所提供的《商标使用许可合同》含有许可人允许其印制商标标识的内容；

（三）被许可人的商标标识样稿应当标明被许可人的企业名称和地址；其注册标记的使用符合《商标法实施条例》的有关规定。

第六条 委托印制未注册商标的，商标印制委托人提供的商标图样应当符合下列要求：

（一）所印制的商标不得违反《商标法》第十条的规定；

（二）所印制的商标不得标注“注册商标”字样或者使用注册标记。

第七条 商标印制单位应当对商标印制委托人提供的证明文件和商标图样进行核查。

商标印制委托人未提供本办法第三条、第四条所规定的证明文件，或者其要求印制的商标标识不符合本办法第五条、第六条规定的，商标印制单位不得承接印制。

第八条 商标印制单位承印符合本办法规定的商标印制业务的，商标印制业务管理人员应当按照要求填写《商标印制业务登记表》，载明商标印制委托人所提供的证明文件的主要内容，《商标印制业务登记表》中的图样应当由商标印制单位业务主管人员加盖骑缝章。

商标标识印制完毕，商标印制单位应当在 15 天内提取标识样品，连同《商标印制业务登记表》、《商标注册证》复印件、商标使用许可合同复印件、商标印制授权书复印件等一并造册存档。

第九条 商标印制单位应当建立商标标识出入库制度，商标标识出入库应当登记台账。废次标识应当集中进行销毁，不得流入社会。

第十条 商标印制档案及商标标识出入库台帐应当存档备查，存查期为两年。

第十一条 商标印制单位违反本办法第七条至第十条规定的，由所在地工商行政管理局责令其限期改正，并视其情节予以警告，处以非法所得额三倍以下的罚款，但最高不超过三万元，没有违法所得的，可以处以一万元以下的罚款。

第十二条 擅自设立商标印刷企业或者擅自从事商标印刷经营活动的，由所在地或者行为地工商行政管理局依照《印刷业管理条例》的有关规定予以处理。

第十三条 商标印制单位违反第七条规定承接印制业务，且印制的商标与他人注册商标相同或者近似的，属于《商标法实施条例》第五十条第（二）项所述的商标侵权行为，由所在地或者行为地工商行政管理局依《商标法》的有关规定予以处理。

第十四条 商标印制单位的违法行为构成犯罪的，所在地或者行为地工商行政管理局应及时将案件移送司法机关追究刑事责任。

第十五条 本办法所称“商标印制”是指印刷、制作商标标识的行为。

本办法所称“商标标识”是指与商品配套一同进入流通领域的带有商标的有形载体，包括注册商标标识和未注册商标标识。

本办法所称“商标印制委托人”是指要求印制商标标识的商标注册人、未注册商标使用人、注册商标被许可使用人以及符合《商标法》规定的其他商标使用人。

本办法所称“商标印制单位”是指依法登记从事商标印制业务的企业和个体工商户。

本办法所称《商标注册证》包括国家工商行政管理总局商标局所发的有关变更、续展、转让等证明文件。

第十六条 本办法自2004年9月1日起施行。国家工商行政管理局1996年9月5日发布的《商标印制管理办法》同时废止。

商标使用许可合同备案办法

（1997年8月1日　商标〔1997〕39号）

第一条 为了加强对商标使用许可合同的管理，规范商标使用许可行为，根据《中华人民共和国商标法》及《中华人民共和国商标法实施细则》的有关规定，制订本办法。

第二条 商标注册人许可他人使用其注册商标，必须签订商标使用许可合同。

第三条 订立商标使用许可合同，应当遵循自愿和诚实信用的原则。

任何单位和个人不得利用许可合同从事违法活动，损害社会公共利益和消费者权益。

第四条 商标使用许可合同自签订之日起3个月内，许可人应当将许可合同副本报送商标局备案。

第五条 向商标局办理商标使用许可合同备案事宜的，可以委托国家工商行政管理局认可的商标代理组织代理，也可以直接到商标局办理。

许可人是外国人或者外国企业的，应当委托国家工商行政管理局指定的商标代理组织代理。

第六条 商标使用许可合同至少应当包括下列内容：

（一）许可使用的商标及其注册证号；

（二）许可使用的商品范围；

（三）许可使用期限；

（四）许可使用商标的标识提供方式；

（五）许可人对被许可人使用其注册商标的商品质量进行监督的条款；

（六）在使用许可人注册商标的商品上标明被许可人的名称和商品产地的条款。

第七条 申请商标使用许可合同备案，应当提交下列书件：

（一）商标使用许可合同备案表；

（二）商标使用许可合同副本；

（三）许可使用商标的注册证复印件。

人用药品商标使用许可合同备案，应当同时附送被许可人取得的卫生行政管理部门的有效证明文件。

卷烟、雪茄烟和有包装烟丝的商标使用许可合同备案，应当同时附送被许可人取得的国家烟草主管部门批准生产的有效证明文件。

外文书件应当同时附送中文译本。

第八条 商标注册人通过被许可人许可第三方使用其注册商标的，其商标使用许可合同中应当含有允许被许可人许可第三方使用的内容或者出具相应的授权书。

第九条 申请商标使用许可合同备案，应当按照许可使用的商标数量填报商标使用许可合同备案表，并附送相应的使用许可合同副本及《商标注册证》复印件。

通过一份合同许可一个被许可人使用多个商标的，许可人应当按照商标数量报送商标使用许可合同备案表及《商标注册证》复印件，但可以只报送一份使用许可合同副本。

第十条 申请商标使用许可合同备案，许可人应当按照许可使用的商标数量缴纳备案费。

缴纳备案费可以采取直接向商标局缴纳的方式，也可以采取委托商标代理组织缴纳的方式。具体收费标准依照有关商标业务收费的规定执行。

第十一条 有下列情形之一的，商标局不予备案：

（一）许可人不是被许可商标的注册人的；

（二）许可使用的商标与注册商标不一致的；

（三）许可使用商标的注册证号与所提供商标注册证号不符的；

（四）许可使用的期限超过该注册商标的有效期限的；

（五）许可使用的商品超出了该注册商标核定使用的商品范围的；

（六）商标使用许可合同缺少本办法第六条所列内容的；

（七）备案申请缺少本办法第七条所列书件的；

（八）未缴纳商标使用许可合同备案费的；

（九）备案申请中的外文书件未附中文译本的；

（十）其他不予备案的情形。

第十二条 商标使用许可合同备案书件齐备，符合《商标法》及《商标法实施细则》有关规定的，商标局予以备案。

已备案的商标使用许可合同，由商标局向备案申请人发出备案通知书，并集中刊登在每月第2期《商标公告》上。

第十三条 不符合备案要求的，商标局予以退回并说明理由。

许可人应当自收到退回备案材料之日起1个月内，按照商标局指定的内容补正再报送备案。

第十四条 有下列情形之一的，应当重新申请商标使用许可合同备案：

（一）许可使用的商品范围变更的；

（二）许可使用的期限变更的；

（三）许可使用的商标所有权发生转移的；

（四）其他应当重新申请备案的情形。

第十五条 有下列情形之一的，许可人和被许可人应当书面通知商标局及其各自所在地县级工商行政管理机关：

（一）许可人名义变更的；

（二）被许可人名义变更的；

（三）商标使用许可合同提前终止的；

（四）其他需要通知的情形。

第十六条 对以欺骗手段或者其他不正当手段取得备案的，由商标局注销其商标使用许可合同备案并予以公告。

第十七条 对已备案的商标使用许可合同，任何单位和个人均可以提出书面查询申请，并按照有关规定交纳查询费。

第十八条 按照《商标法实施细则》第三十五条的规定，许可人和被许可人应当在许可合同签订之日起3个月内，将许可合同副本交送其所在地工商行政管理机关存查，具体存查办法可以参照本办法执行。

第十九条 县级以上工商行政管理机关依据《商标法》及其他法律、法规和规章的规定，负责对商标使用许可行为的指导、监督和管理。

第二十条 利用商标使用许可合同从事违法活动的，由县级以上工商行政管理机关依据《商标法》及其他法律、法规和规章的规定处理；构成犯罪的，依法追究刑事责任。

第二十一条 本办法所称商标许可人是指商标使用许可合同中许可他人使用其注册商标的人，商标被许可人是指符合《商标法》及《商标法实施细则》有关规定并经商标注册人授权使用其商标的人。

本办法有关商品商标的规定，适用于服务商标。

第二十二条 商标使用许可合同示范文本由商标局制定并公布。

第二十三条 本办法自发布之日起施行。商标局 1985 年 2 月 25 日颁发的《商标使用许可合同备案注意事项》同时废止。

附件： 商标使用许可合同（示范文本）（略）

商标使用许可合同备案通知书（略）

注册商标专用权质权登记程序规定

（2009 年 9 月 10 日　工商标字〔2009〕182 号）

第一条 为充分发挥商标专用权无形资产的价值，促进经济发展，根据《物权法》、《担保法》、《商标法》和《商标法实施条例》的有关规定，制定本程序规定。

国家工商行政管理总局商标局负责办理注册商标专用权质权登记。

第二条 自然人、法人或者其他组织以其注册商标专用权出质的，出质人与质权人应当订立书面合同，并向商标局办理质权登记。

质权登记申请应由质权人和出质人共同提出。质权人和出质人可以直接向商标局申请，也可以委托商标代理机构代理。在中国没有经常居所或者营业场所的外国人或者外国企业应当委托代理机构办理。

第三条 办理注册商标专用权质权登记，出质人应当将在相同或者类似商品/服务上注册的相同或者近似商标一并办理质权登记。质权合同和质权登记申请书中应当载明出质的商标注册号。

第四条 申请注册商标专用权质权登记的，应提交下列文件：

（一）申请人签字或者盖章的《商标专用权质权登记申请书》；

（二）出质人、质权人的主体资格证明或者自然人身份证明复印件；

（三）主合同和注册商标专用权质权合同；

（四）直接办理的，应当提交授权委托书以及被委托人的身份证明；委托商标代理机构办理的，应当提交商标代理委托书；

（五）出质注册商标的注册证复印件；

（六）出质商标专用权的价值评估报告。如果质权人和出质人双方已就出质商标专用权的价值达成一致意见并提交了相关书面认可文件，申请人可不再提交；

（七）其他需要提供的材料。

上述文件为外文的，应当同时提交其中文译文。中文译文应当由翻译单位和翻译人员签字盖章确认。

第五条 注册商标专用权质权合同一般包括以下内容：

（一）出质人、质权人的姓名（名称）及住址；

（二）被担保的债权种类、数额；

（三）债务人履行债务的期限；

（四）出质注册商标的清单（列明注册商标的注册号、类别及专用期）；

（五）担保的范围；

（六）当事人约定的其他事项。

第六条 申请登记书件齐备、符合规定的，商标局予以受理。受理日期即为登记日期。商标局自登记之日起5个工作日内向双方当事人发放《商标专用权质权登记证》。

《商标专用权质权登记证》应当载明下列内容：出质人和质权人的名称（姓名）、出质商标注册号、被担保的债权数额、质权登记期限、质权登记日期。

第七条 质权登记申请不符合本办法第二条、第三条、第四条、第五条规定的，商标局应当通知申请人，并允许其在30日内补正。申请人逾期不补正或者补正不符合要求的，视为其放弃该质权登记申请，商标局应书面通知申请人。

第八条 有下列情形之一的，商标局不予登记：

（一）出质人名称与商标局档案所记载的名称不一致，且不能提供相关证明证实其为注册商标权利人的；

（二）合同的签订违反法律法规强制性规定的；

（三）商标专用权已经被撤销、被注销或者有效期满未续展的；

（四）商标专用权已被人民法院查封、冻结的；

（五）其他不符合出质条件的。

第九条 质权登记后，有下列情形之一的，商标局应当撤销登记：

（一）发现有属于本办法第八条所列情形之一的；

（二）质权合同无效或者被撤销的；

（三）出质的注册商标因法定程序丧失专用权的；

（四）提交虚假证明文件或者以其他欺骗手段取得商标专用权质权登记的。

第十条 质权人或者出质人的名称（姓名）更改，以及质权合同担保的主债权数额变更的，当事人可以凭下列文件申请办理变更登记：

（一）申请人签字或者盖章的《商标专用权质权登记事项变更申请书》；

（二）出质人、质权人的主体资格证明或者自然人身份证明复印件；

（三）有关登记事项变更的协议或相关证明文件；

（四）原《商标专用权质权登记证》；

（五）授权委托书、被委托人的身份证明或者商标代理委托书；

（六）其他有关文件。

出质人名称（姓名）发生变更的，还应按照《商标法实施条例》的规定在商标局办理变更注册人名义申请。

第十一条 因被担保的主合同履行期限延长、主债权未能按期实现等原因需要延长质权登记期限的，质权人和出质人双方应当在质权登记期限到期前，持以下文件申请办理延期登记：

（一）申请人签字或者盖章的《商标专用权质权登记期限延期申请书》；

（二）出质人、质权人的主体资格证明或者自然人身份证明复印件；

（三）当事人双方签署的延期协议；

（四）原《商标专用权质权登记证》；

（五）授权委托书、被委托人的身份证明或者商标代理委托书；

（六）其他有关文件。

第十二条 办理质权登记事项变更申请或者质权登记期限延期申请后，由商标局在原《商标专用权质权登记证》上加注发还，或者重新核发《商标专用权质权登记证》。

第十三条 商标专用权质权登记需要注销的，质权人和出质人双方可以持下列文件办理注销申请：

（一）申请人签字或者盖章的《商标专用权质权登记注销申请书》；

（二）出质人、质权人的主体资格证明或者自然人身份证明复印件；

（三）当事人双方签署的解除质权登记协议或者合同履行完毕凭证；

（四）原《商标专用权质权登记证》；

（五）授权委托书、被委托人的身份证明或者商标代理委托书；

（六）其他有关文件。

质权登记期限届满后，该质权登记自动失效。

第十四条 《商标专用权质权登记证》遗失的，可以向商标局申请补发。

第十五条 商标局设立质权登记簿，供相关公众查阅。

第十六条 反担保及最高额质权适用本规定。

第十七条 本规定自2009年11月1日起施行。本规定施行之日起原《商标专用权质押登记程序》（国家工商行政管理局工商标字〔1997〕第127号）废止。

四、驰名商标

驰名商标认定和保护规定

(2014 年 7 月 3 日国家工商行政管理总局令第 66 号公布　自公布之日起 30 日后施行)

第一条　为规范驰名商标认定工作，保护驰名商标持有人的合法权益，根据《中华人民共和国商标法》（以下简称商标法）、《中华人民共和国商标法实施条例》（以下简称实施条例），制定本规定。

第二条　驰名商标是在中国为相关公众所熟知的商标。

相关公众包括与使用商标所标示的某类商品或者服务有关的消费者，生产前述商品或者提供服务的其他经营者以及经销渠道中所涉及的销售者和相关人员等。

第三条　商标局、商标评审委员会根据当事人请求和审查、处理案件的需要，负责在商标注册审查、商标争议处理和工商行政管理部门查处商标违法案件过程中认定和保护驰名商标。

第四条　驰名商标认定遵循个案认定、被动保护的原则。

第五条　当事人依照商标法第三十三条规定向商标局提出异议，并依照商标法第十三条规定请求驰名商标保护的，可以向商标局提出驰名商标保护的书面请求并提交其商标构成驰名商标的证据材料。

第六条　当事人在商标不予注册复审案件和请求无效宣告案件中，依照商标法第十三条规定请求驰名商标保护的，可以向商标评审委员会提出驰名商标保护的书面请求并提交其商标构成驰名商标的证据材料。

第七条　涉及驰名商标保护的商标违法案件由市（地、州）级以上工商行政管理部门管辖。当事人请求工商行政管理部门查处商标违法行为，并依照商标法第十三条规定请求驰名商标保护的，可以向违法行为发生地的市（地、州）级以上工商行政管理部门进行投诉，并提出驰名商标保护的书面请求，提交证明其商标构成驰名商标的证据材料。

第八条 当事人请求驰名商标保护应当遵循诚实信用原则，并对事实及所提交的证据材料的真实性负责。

第九条 以下材料可以作为证明符合商标法第十四条第一款规定的证据材料：

（一）证明相关公众对该商标知晓程度的材料。

（二）证明该商标使用持续时间的材料，如该商标使用、注册的历史和范围的材料。该商标为未注册商标的，应当提供证明其使用持续时间不少于五年的材料。该商标为注册商标的，应当提供证明其注册时间不少于三年或者持续使用时间不少于五年的材料。

（三）证明该商标的任何宣传工作的持续时间、程度和地理范围的材料，如近三年广告宣传和促销活动的方式、地域范围、宣传媒体的种类以及广告投放量等材料。

（四）证明该商标曾在中国或者其他国家和地区作为驰名商标受保护的材料。

（五）证明该商标驰名的其他证据材料，如使用该商标的主要商品在近三年的销售收入、市场占有率、净利润、纳税额、销售区域等材料。

前款所称“三年”、“五年”，是指被提出异议的商标注册申请日期、被提出无效宣告请求的商标注册申请日期之前的三年、五年，以及在查处商标违法案件中提出驰名商标保护请求日期之前的三年、五年。

第十条 当事人依照本规定第五条、第六条规定提出驰名商标保护请求的，商标局、商标评审委员会应当在商标法第三十五条、第三十七条、第四十五条规定的期限内及时作出处理。

第十一条 当事人依照本规定第七条规定请求工商行政管理部门查处商标违法行为的，工商行政管理部门应当对投诉材料予以核查，依照《工商行政管理机关行政处罚程序规定》的有关规定决定是否立案。决定立案的，工商行政管理部门应当对当事人提交的驰名商标保护请求及相关证据材料是否符合商标法第十三条、第十四条、实施条例第三条和本规定第九条规定进行初步核实和审查。经初步核查符合规定的，应当自立案之日起三十日内将驰名商标认定请示、案件材料副本一并报送上级工商行政管理部门。经审查不符合规定的，应当依照《工商行政管理机关行政处罚程序规定》的规定及时作出处理。

第十二条 省（自治区、直辖市）工商行政管理部门应当对本辖区内市（地、州）级工商行政管理部门报送的驰名商标认定相关材料是否符合商标法第十三条、第十四条、实施条例第三条和本规定第九条规定进行核实和审查。经核查符合规定的，应当自收到驰名商标认定相关材料之日起三十日内，将驰名商标认定请示、案件材料副本一并报送商标局。经审查不符合规定的，应当将有关材料退回原立案机关，由其依照《工商行政管理机关行政处罚程序规定》的规定及时作出处理。

第十三条 商标局、商标评审委员会在认定驰名商标时，应当综合考虑商标法第十四条第一款和本规定第九条所列各项因素，但不以满足全部因素为前提。

商标局、商标评审委员会在认定驰名商标时，需要地方工商行政管理部门核实有关情况的，相关地方工商行政管理部门应当予以协助。

第十四条 商标局经对省（自治区、直辖市）工商行政管理部门报送的驰名商标认定相关材料进行审查，认定构成驰名商标的，应当向报送请示的省（自治区、直辖市）工商行政管理部门作出批复。

立案的工商行政管理部门应当自商标局作出认定批复后六十日内依法予以处理，并将行政处罚决定书抄报所在省（自治区、直辖市）工商行政管理部门。省（自治区、直辖市）工商行政管理部门应当自收到抄报的行政处罚决定书之日起三十日内将案件处理情况及行政处罚决定书副本报送商标局。

第十五条 各级工商行政管理部门在商标注册和管理工作中应当加强对驰名商标的保护，维护权利人和消费者合法权益。商标违法行为涉嫌犯罪的，应当将案件及时移送司法机关。

第十六条 商标注册审查、商标争议处理和工商行政管理部门查处商标违法案件过程中，当事人依照商标法第十三条规定请求驰名商标保护时，可以提供该商标曾在我国作为驰名商标受保护的记录。

当事人请求驰名商标保护的范围与已被作为驰名商标予以保护的范围基本相同，且对方当事人对该商标驰名无异议，或者虽有异议，但异议理由和提供的证据明显不足以支持该异议的，商标局、商标评审委员会、商标违法案件立案部门可以根据该保护记录，结合相关证据，给予该商标驰名商标保护。

第十七条 在商标违法案件中，当事人通过弄虚作假或者提供虚假证据材料等不正当手段骗取驰名商标保护的，由商标局撤销对涉案商标已作出的认定，并通知报送驰名商标认定请示的省（自治区、直辖市）工商行政管理部门。

第十八条 地方工商行政管理部门违反本规定第十一条、第十二条规定未履行对驰名商标认定相关材料进行核实和审查职责，或者违反本规定第十三条第二款规定未予以协助或者未履行核实职责，或者违反本规定第十四条第二款规定逾期未对商标违法案件作出处理或者逾期未报送处理情况的，由上一级工商行政管理部门予以通报，并责令其整改。

第十九条 各级工商行政管理部门应当建立健全驰名商标认定工作监督检查制度。

第二十条 参与驰名商标认定与保护相关工作的人员，玩忽职守、滥用职权、徇私舞弊，违法办理驰名商标认定有关事项，收受当事人财物，牟取不正当利益的，依照有关规定予以处理。

第二十一条 本规定自公布之日起30日后施行。2003年4月17日国家工商行政管理总局公布的《驰名商标认定和保护规定》同时废止。

国家工商行政管理局、商标局关于申请认定驰名商标若干问题的通知

（2000年4月28日 商标〔2000〕19号）

各省、自治区、直辖市及计划单列市工商行政管理局：

自《驰名商标认定和管理暂行规定》颁布并实施以来，我国驰名商标的认定和保护工作走上了法制化、规范化的轨道，驰名商标作为保护企业合法权益的有力法律武器在市场竞争中发挥了重要作用。但是，我局在受理企业申请认定驰名商标的过程中，也发现了一些问题，一些企业对申请认定驰名商标的法律诉求和申报程序不甚了解，有些商标代理机构以及不具有商标代理资格的机构或者个人利用企业急于认定驰名商标的心理，向企业收取高额费用，不仅使企业蒙受损失，而且损害了驰名商标认定工作的严肃性。为进一步规范驰名商标申报程序，避免上述问题继续发生，保证驰名商标认定工作正常有序地进行，现就申请认定驰名商标的有关问题通知如下：

一、企业需要申请认定驰名商标的，必须通过所在地省、自治区、直辖市工商行政管理局（以下简称省级工商局）报送有关材料。

对企业申请认定驰名商标的有关材料，各省级工商局应进行初审，并签署意见。

各省级工商局应将经过其初审并签署意见的有关申请材料以邮寄方式及时报我局。

二、企业商标权受到以下损害时，可以申请认定驰名商标：

（一）他人将与申请人申请认定商标相同或者近似的标识在非类似商品或者服务上注册或者使用，可能损害申请人权益的；

（二）他人将与申请人申请商标相同或者近似的文字作为企业名称的一部分登记或者使用，可能引起公众误认的；

（三）申请人申请认定的商标在境外被他人恶意注册，可能对申请人在境外的业务发展造成损害的；

（四）申请人申请认定商标的权益受到其他损害而难以解决的。

三、企业在申请认定驰名商标时，应提交驰名商标认定申请报告，在报告中须提供其商标权益受到损害的证据。同时应如实填写《驰名商标认定申请表》，并提供相应的证明材料。

四、企业根据《驰名商标认定申请表》的要求应提供的证明材料主要包括：

1. 驰名商标认定申请人的营业执照副本复印件；

2. 驰名商标认定申请人委托商标代理机构代理的，应提供申请人签章的委托书，或者申请人与商标代理机构签订的委托协议（合同）；

3. 使用该商标的主要商品或服务近3年来主要经济指标（应提供加盖申请人财务专用章以及当地财政与税务部门专用章的各年度财务报表或其他报表复印件，行业证明材料应由国家级行业协会或者国家级行业行政主管部门出具）；

4. 使用该商标的主要商品或服务在国内外的销售或经营情况及区域（应提供相关的主要的销售发票或销售合同复印件）；

5. 该商标在国内外的注册情况（应将该商标在所有商品或服务类别以及在所有国家或地区的注册情况列明，并提供相应的商标注册证复印件）；

6. 该商标近年来的广告发布情况（应提供相关的主要的广告合同与广告图片复印件）；

7. 该商标最早使用及连续使用时间（应提供使用该商标的商品或服务的最早销售发票或合同或该商标最早的广告或商标注册证复印件）；

8. 有关该商标驰名的其他证明文件（如省著名商标复印件等）。

五、企业申请认定驰名商标，可以自行准备申请材料，也可以委托国家工商行政管理局批准的商标代理机构代理。凡委托不具备商标代理资格的机构或个人提交的驰名商标认定申请材料，各省级工商局不予受理。

六、接受企业委托办理申请认定驰名商标有关事宜的商标代理机构，除收取适当的代理费用外，不得向委托人收取其他任何费用。

七、各省级工商局应严格按照《驰名商标认定和管理暂行规定》及本通知精神，加强对本辖区内企业申请认定驰名商标工作的指导和管理，加大对驰名商标认定目的及作用的宣传力度。对企业申请认定驰名商标中的违法违纪行为，如提供虚假证明材料或者以其他不正当手段欺骗行政管理机关等行为，应依据有关法律、法规严肃查处。

最高人民法院关于审理涉及驰名商标保护的民事纠纷案件应用法律若干问题的解释

（2009 年 4 月 22 日最高人民法院审判委员会第 1467 会议通过　2009 年 4 月 23 日最高人民法院公布　自 2009 年 5 月 1 日起施行　法释〔2009〕3 号）

为在审理侵犯商标权等民事纠纷案件中依法保护驰名商标，根据《中华人民共和国商标法》、《中华人民共和国反不正当竞争法》、《中华人民共和国民事诉讼法》等有关法律规定，结合审判实际，制定本解释。

第一条　本解释所称驰名商标，是指在中国境内为相关公众广为知晓的商标。

第二条　在下列民事纠纷案件中，当事人以商标驰名作为事实根据，人民法院根据案件具体情况，认为确有必要的，对所涉商标是否驰名作出认定：

（一）以违反商标法第十三条的规定为由，提起的侵犯商标权诉讼；

（二）以企业名称与其驰名商标相同或者近似为由，提起的侵犯商标权或者不正当竞争诉讼；

（三）符合本解释第六条规定的抗辩或者反诉的诉讼。

第三条 在下列民事纠纷案件中，人民法院对于所涉商标是否驰名不予审查：

（一）被诉侵犯商标权或者不正当竞争行为的成立不以商标驰名为事实根据的；

（二）被诉侵犯商标权或者不正当竞争行为因不具备法律规定的其他要件而不成立的。

原告以被告注册、使用的域名与其注册商标相同或者近似，并通过该域名进行相关商品交易的电子商务，足以造成相关公众误认为由，提起的侵权诉讼，按照前款第（一）项的规定处理。

第四条 人民法院认定商标是否驰名，应当以证明其驰名的事实为依据，综合考虑商标法第十四条规定的各项因素，但是根据案件具体情况无需考虑该条规定的全部因素即足以认定商标驰名的情形除外。

第五条 当事人主张商标驰名的，应当根据案件具体情况，提供下列证据，证明被诉侵犯商标权或者不正当竞争行为发生时，其商标已属驰名：

（一）使用该商标的商品的市场份额、销售区域、利税等；

（二）该商标的持续使用时间；

（三）该商标的宣传或者促销活动的方式、持续时间、程度、资金投入和地域范围；

（四）该商标曾被作为驰名商标受保护的记录；

（五）该商标享有的市场声誉；

（六）证明该商标已属驰名的其他事实。

前款所涉及的商标使用的时间、范围、方式等，包括其核准注册前持续使用的情形。

对于商标使用时间长短、行业排名、市场调查报告、市场价值评估报告、是否曾被认定为著名商标等证据，人民法院应当结合认定商标驰名的其他证据，客观、全面地进行审查。

第六条 原告以被诉商标的使用侵犯其注册商标专用权为由提起民事诉讼，被告以原告的注册商标复制、摹仿或者翻译其在先未注册驰名商标为由提出抗辩或者提起反诉的，应当对其在先未注册商标驰名的事实负举证责任。

第七条 被诉侵犯商标权或者不正当竞争行为发生前，曾被人民法院或者国务院工商行政管理部门认定驰名的商标，被告对该商标驰名的事实不持异议的，人民法院应当予以认定。被告提出异议的，原告仍应当对该商标驰名的事实负举证责任。

除本解释另有规定外，人民法院对于商标驰名的事实，不适用民事诉讼证据的自认规则。

第八条 对于在中国境内为社会公众广为知晓的商标，原告已提供其商标驰名的基本证据，或者被告不持异议的，人民法院对该商标驰名的事实予以认定。

第九条 足以使相关公众对使用驰名商标和被诉商标的商品来源产生误认，或者足以使相关公众认为使用驰名商标和被诉商标的经营者之间具有许可使用、关联企业关系等特定联系的，属于商标法第十三条第一款规定的“容易导致混淆”。

足以使相关公众认为被诉商标与驰名商标具有相当程度的联系，而减弱驰名商标的显著性、贬损驰名商标的市场声誉，或者不正当利用驰名商标的市场声誉的，属于商标法第十三条第二款规定的“误导公众，致使该驰名商标注册人的利益可能受到损害”。

第十条 原告请求禁止被告在不相类似商品上使用与原告驰名的注册商标相同或者近似的商标或者企业名称的，人民法院应当根据案件具体情况，综合考虑以下因素后作出裁判：

（一）该驰名商标的显著程度；

（二）该驰名商标在使用被诉商标或者企业名称的商品的相关公众中的知晓程度；

（三）使用驰名商标的商品与使用被诉商标或者企业名称的商品之间的关联程度；

（四）其他相关因素。

第十一条 被告使用的注册商标违反商标法第十三条的规定，复制、摹仿或者翻译原告驰名商标，构成侵犯商标权的，人民法院应当根据原告的请求，依法判决禁止被告使用该商标，但被告的注册商标有下列情形之一的，人民法院对原告的请求不予支持：

（一）已经超过商标法第四十一条第二款规定的请求撤销期限的；

（二）被告提出注册申请时，原告的商标并不驰名的。

第十二条 当事人请求保护的未注册驰名商标，属于商标法第十条、第十一条、第十二条规定不得作为商标使用或者注册情形的，人民法院不予支持。

第十三条 在涉及驰名商标保护的民事纠纷案件中，人民法院对于商标驰名的认定，仅作为案件事实和判决理由，不写入判决主文；以调解方式审结的，在调解书中对商标驰名的事实不予认定。

第十四条 本院以前有关司法解释与本解释不一致的，以本解释为准。

五、商标侵权纠纷

最高人民法院关于审理商标授权确权行政案件若干问题的规定

（2016年12月12日最高人民法院审判委员会第1703次会议通过 2017年1月10日最高人民法院公告公布 自2017年3月1日起施行 法释〔2017〕2号）

为正确审理商标授权确权行政案件，根据《中华人民共和国商标法》《中华人民共和国行政诉讼法》等法律规定，结合审判实践，制定本规定。

第一条 本规定所称商标授权确权行政案件，是指相对人或者利害关系人因不服国务院工商行政管理部门商标评审委员会（以下简称商标评审委员会）作出的商标驳回复审、商标不予注册复审、商标撤销复审、商标无效宣告及无效宣告复审等行政行为，向人民法院提起诉讼的案件。

第二条 人民法院对商标授权确权行政行为进行审查的范围，一般应根据原告的诉讼请求及理由确定。原告在诉讼中未提出主张，但商标评审委员会相关认定存在明显不当的，人民法院在各方当事人陈述意见后，可以对相关事由进行审查并作出裁判。

第三条 商标法第十条第一款第（一）项规定的同中华人民共和国的国家名称等“相同或者近似”，是指商标标志整体上与国家名称等相同或者近似。

对于含有中华人民共和国的国家名称等，但整体上并不相同或者不相近似的标志，如果该标志作为商标注册可能导致损害国家尊严的，人民法院可以认定属于商标法第十条第一款第（八）项规定的情形。

第四条 商标标志或者其构成要素带有欺骗性，容易使公众对商品的质量等特点或者产地产生误认，商标评审委员会认定其属于2001年修正的商标法第十条第一款第（七）项规定情形的，人民法院予以支持。

第五条 商标标志或者其构成要素可能对我国社会公共利益和公共秩序产生消极、负面影响的，人民法院可以认定其属于商标法第十条第一款第（八）项规定的“其他不良影响”。

将政治、经济、文化、宗教、民族等领域公众人物姓名等申请注册为商标，属于前款所指的“其他不良影响”。

第六条 商标标志由县级以上行政区划的地名或者公众知晓的外国地名和其他要素组成，如果整体上具有区别于地名的含义，人民法院应当认定其不属于商标法第十条第二款所指情形。

第七条 人民法院审查诉争商标是否具有显著特征，应当根据商标所指定使用商品的相关公众的通常认识，判断该商标整体上是否具有显著特征。商标标志中含有描述性要素，但不影响其整体具有显著特征的；或者描述性标志以独特方式加以表现，相关公众能够以其识别商品来源的，应当认定其具有显著特征。

第八条 诉争商标为外文标志时，人民法院应当根据中国境内相关公众的通常认识，对该外文商标是否具有显著特征进行审查判断。标志中外文的固有含义可能影响其在指定使用商品上的显著特征，但相关公众对该固有含义的认知程度较低，能够以该标志识别商品来源的，可以认定其具有显著特征。

第九条 仅以商品自身形状或者自身形状的一部分作为三维标志申请注册商标，相关公众一般情况下不易将其识别为指示商品来源标志的，该三维标志不具有作为商标的显著特征。

该形状系申请人所独创或者最早使用并不能当然导致其具有作为商标的显著特征。

第一款所称标志经过长期或者广泛使用，相关公众能够通过该标志识别商品来源的，可以认定该标志具有显著特征。

第十条 诉争商标属于法定的商品名称或者约定俗成的商品名称的，人民法院应当认定其属于商标法第十一条第一款第（一）项所指的通用名称。依据法律规定或者国家标准、行业标准属于商品通用名称的，应当认定为通用名称。相关公众普遍认为某一名称能够指代一类商品的，应当认定为约定俗成的通用名称。被专业工具书、辞典等列为商品名称的，可以作为认定约定俗成的通用名称的参考。

约定俗成的通用名称一般以全国范围内相关公众的通常认识为判断标准。对于由于历史传统、风土人情、地理环境等原因形成的相关市场固定的商品，在该相关市场内通用的称谓，人民法院可以认定为通用名称。

诉争商标申请人明知或者应知其申请注册的商标为部分区域内约定俗成的商品名称的，人民法院可以视其申请注册的商标为通用名称。

人民法院审查判断诉争商标是否属于通用名称，一般以商标申请日时的事实状态为准。核准注册时事实状态发生变化的，以核准注册时的事实状态判断其是否属于通用名称。

第十一条 商标标志只是或者主要是描述、说明所使用商品的质量、主要原料、功能、用途、重量、数量、产地等的，人民法院应当认定其属于商标法第十一条第一款第（二）项规定的情形。商标标志或者其构成要素暗示商品的特点，但不影响其识别商品来源功能的，不属于该项所规定的情形。

第十二条 当事人依据商标法第十三条第二款主张诉争商标构成对其未注册的驰名商标的复制、摹仿或者翻译而不应予以注册或者应予无效的，人民法院应当综合考量如下因素以及因素之间的相互影响，认定是否容易导致混淆：

（一）商标标志的近似程度；

（二）商品的类似程度；

（三）请求保护商标的显著性和知名程度；

（四）相关公众的注意程度；

（五）其他相关因素。

商标申请人的主观意图以及实际混淆的证据可以作为判断混淆可能性的参考因素。

第十三条 当事人依据商标法第十三条第三款主张诉争商标构成对其已注册的驰名商标的复制、摹仿或者翻译而不应予以注册或者应予无效的，人民法院应当综合考虑如下因素，以认定诉争商标的使用是否足以使相关公众认为其与驰名商标具有相当程度的联系，从而误导公众，致使驰名商标注册人的利益可能受到损害：

（一）引证商标的显著性和知名程度；

（二）商标标志是否足够近似；

（三）指定使用的商品情况；

（四）相关公众的重合程度及注意程度；

（五）与引证商标近似的标志被其他市场主体合法使用的情况或者其他相关因素。

第十四条 当事人主张诉争商标构成对其已注册的驰名商标的复制、摹仿或者翻译而不应予以注册或者应予无效，商标评审委员会依据商标法第三十条规定裁决支持其主张的，如果诉争商标注册未满五年，人民法院在当事人陈述意见之后，可以按照商标法第三十条规定进行审理；如果诉争商标注册已满五年，应当适用商标法第十三条第三款进行审理。

第十五条 商标代理人、代表人或者经销、代理等销售代理关系意义上的代理人、代表人未经授权，以自己的名义将与被代理人或者被代表人的商标相同或者近似的商标在相同或者类似商品上申请注册的，人民法院适用商标法第十五条第一款的规定进行审理。

在为建立代理或者代表关系的磋商阶段，前款规定的代理人或者代表人将被代理人或者被代表人的商标申请注册的，人民法院适用商标法第十五条第一款的规定进行审理。

商标申请人与代理人或者代表人之间存在亲属关系等特定身份关系的，可以推定其商标注册行为系与该代理人或者代表人恶意串通，人民法院适用商标法第十五条第一款的规定进行审理。

第十六条 以下情形可以认定为商标法第十五条第二款中规定的“其他关系”：

（一）商标申请人与在先使用人之间具有亲属关系；

（二）商标申请人与在先使用人之间具有劳动关系；

（三）商标申请人与在先使用人营业地址邻近；

（四）商标申请人与在先使用人曾就达成代理、代表关系进行过磋商，但未形成代理、代表关系；

（五）商标申请人与在先使用人曾就达成合同、业务往来关系进行过磋商，但未达成合同、业务往来关系。

第十七条 地理标志利害关系人依据商标法第十六条主张他人商标不应予以注册或者应予无效，如果诉争商标指定使用的商品与地理标志产品并非相同商品，而地理标志利害关系人能够证明诉争商标使用在该产品上仍然容易导致相关公众误认为该产品来源于该地区并因此具有特定的质量、信誉或者其他特征的，人民法院予以支持。

如果该地理标志已经注册为集体商标或者证明商标，集体商标或者证明商标的权利人或者利害关系人可选择依据该条或者另行依据商标法第十三条、第三十条等主张权利。

第十八条 商标法第三十二条规定的在先权利，包括当事人在诉争商标申请日之前享有的民事权利或者其他应予保护的合法权益。诉争商标核准注册时在先权利已不存在的，不影响诉争商标的注册。

第十九条 当事人主张诉争商标损害其在先著作权的，人民法院应当依照著作权法等相关规定，对所主张的客体是否构成作品、当事人是否为著作权人或者其他有权主张著作权的利害关系人以及诉争商标是否构成对著作权的侵害等进行审查。

商标标志构成受著作权法保护的作品的，当事人提供的涉及商标标志的设计底稿、原件、取得权利的合同、诉争商标申请日之前的著作权登记证书等，均可以作为证明著作权归属的初步证据。

商标公告、商标注册证等可以作为确定商标申请人为有权主张商标标志著作权的利害关系人的初步证据。

第二十条 当事人主张诉争商标损害其姓名权，如果相关公众认为该商标标志指代了该自然人，容易认为标记有该商标的商品系经过该自然人许可或者与该自然人存在特定联系的，人民法院应当认定该商标损害了该自然人的姓名权。

当事人以其笔名、艺名、译名等特定名称主张姓名权，该特定名称具有一定的知名度，与该自然人建立了稳定的对应关系，相关公众以其指代该自然人的，人民法院予以支持。

第二十一条 当事人主张的字号具有一定的市场知名度，他人未经许可申请注册与该字号相同或者近似的商标，容易导致相关公众对商品来源产生混淆，当事人以此主张构成在先权益的，人民法院予以支持。

当事人以具有一定市场知名度并已与企业建立稳定对应关系的企业名称的简称为依据提出主张的，适用前款规定。

第二十二条 当事人主张诉争商标损害角色形象著作权的，人民法院按照本规定第十九条进行审查。

对于著作权保护期限内的作品，如果作品名称、作品中的角色名称等具有较高知名度，将其作为商标使用在相关商品上容易导致相关公众误认为其经过权利人的许可或者与权利人存在特定联系，当事人以此主张构成在先权益的，人民法院予以支持。

第二十三条 在先使用人主张商标申请人以不正当手段抢先注册其在先使用并有一定影响的商标的，如果在先使用商标已经有一定影响，而商标申请人明知或者应知该商标，即可推定其构成“以不正当手段抢先注册”。但商标申请人举证证明其没有利用在先使用商标商誉的恶意的除外。

在先使用人举证证明其在先商标有一定的持续使用时间、区域、销售量或者广告宣传的，人民法院可以认定为有一定影响。

在先使用人主张商标申请人在与其不相类似的商品上申请注册其在先使用并有一定影响的商标，违反商标法第三十二条规定的，人民法院不予支持。

第二十四条 以欺骗手段以外的其他方式扰乱商标注册秩序、损害公共利益、不正当占用公共资源或者谋取不正当利益的，人民法院可以认定其属于商标法第四十四条第一款规定的“其他不正当手段”。

第二十五条 人民法院判断诉争商标申请人是否“恶意注册”他人驰名商标，应综合考虑引证商标的知名度、诉争商标申请人申请诉争商标的理由以及使用诉争商标的具体情形来判断其主观意图。引证商标知名度高、诉争商标申请人没有正当理由的，人民法院可以推定其注册构成商标法第四十五条第一款所指的“恶意注册”。

第二十六条 商标权人自行使用、他人经许可使用以及其他不违背商标权人意志的使用，均可认定为商标法第四十九条第二款所称的使用。

实际使用的商标标志与核准注册的商标标志有细微差别，但未改变其显著特征的，可以视为注册商标的使用。

没有实际使用注册商标，仅有转让或者许可行为；或者仅是公布商标注册信息、声明享有注册商标专用权的，不认定为商标使用。

商标权人有真实使用商标的意图，并且有实际使用的必要准备，但因其他客观原因尚未实际使用注册商标的，人民法院可以认定其有正当理由。

第二十七条 当事人主张商标评审委员会下列情形属于行政诉讼法第七十条第（三）项规定的“违反法定程序”的，人民法院予以支持：

（一）遗漏当事人提出的评审理由，对当事人权利产生实际影响的；

（二）评审程序中未告知合议组成员，经审查确有应当回避事由而未回避的；

（三）未通知适格当事人参加评审，该方当事人明确提出异议的；

（四）其他违反法定程序的情形。

第二十八条 人民法院审理商标授权确权行政案件的过程中，商标评审委员会对诉争商标予以驳回、不予核准注册或者予以无效宣告的事由不复存在的，人民法院可以依据新的事实撤销商标评审委员会相关裁决，并判令其根据变更后的事实重新作出裁决。

第二十九条 当事人依据在原行政行为之后新发现的证据，或者在原行政程序中因客观原因无法取得或在规定的期限内不能提供的证据，或者新的法律依据提出的评审申请，不属于以“相同的事实和理由”再次提出评审申请。

在商标驳回复审程序中，商标评审委员会以申请商标与引证商标不构成使用在同一种或者类似商品上的相同或者近似商标为由准予申请商标初步审定公告后，以下情形不视为“以相同的事实和理由”再次提出评审申请：

（一）引证商标所有人或者利害关系人依据该引证商标提出异议，国务院工商行政管理部门商标局予以支持，被异议商标申请人申请复审的；

（二）引证商标所有人或者利害关系人在申请商标获准注册后依据该引证商标申请宣告其无效的。

第三十条 人民法院生效裁判对于相关事实和法律适用已作出明确认定，相对人或者利害关系人对于商标评审委员会依据该生效裁判重新作出的裁决提起诉讼的，人民法院依法裁定不予受理；已经受理的，裁定驳回起诉。

第三十一条 本规定自2017年3月1日起施行。人民法院依据2001年修正的商标法审理的商标授权确权行政案件可参照适用本规定。

最高人民法院关于审理注册商标、企业名称与在先权利冲突的民事纠纷案件若干问题的规定

（2008年2月18日最高人民法院审判委员会第1444次会议通过　2008年2月18日最高人民法院公告公布　自2008年3月1日起施行　法释〔2008〕3号）

为正确审理注册商标、企业名称与在先权利冲突的民事纠纷案件，根据《中华人民共和国民事诉讼法》、《中华人民共和国民法通则》、《中华人民共和国商标法》和《中华人民共和国反不正当竞争法》等法律的规定，结合审判实践，制定本规定。

第一条 原告以他人注册商标使用的文字、图形等侵犯其著作权、外观设计专利权、企业名称权等在先权利为由提起诉讼，符合民事诉讼法第一百零八条规定的，人民法院应当受理。

原告以他人使用在核定商品上的注册商标与其在先的注册商标相同或者近似为由提起诉讼的，人民法院应当根据民事诉讼法第一百一十一条第（三）项的规定，告知原告向有关行政主管机关申请解决。但原告以他人超出核定商品的范围或者以改变显著特征、拆分、组合等方式使用的注册商标，与其注册商标相同或者近似为由提起诉讼的，人民法院应当受理。

第二条 原告以他人企业名称与其在先的企业名称相同或者近似，足以使相关公众对其商品的来源产生混淆，违反反不正当竞争法第五条第（三）项的规定为由提起诉讼，符合民事诉讼法第一百零八条规定的，人民法院应当受理。

第三条 人民法院应当根据原告的诉讼请求和争议民事法律关系的性质，按照《民事案件案由规定（试行）》，确定注册商标或者企业名称与在先权利冲突的民事纠纷案件的案由，并适用相应的法律。

第四条 被诉企业名称侵犯注册商标专用权或者构成不正当竞争的，人民法院可以根据原告的诉讼请求和案件具体情况，确定被告承担停止使用、规范使用等民事责任。

最高人民法院关于审理商标民事纠纷案件适用法律若干问题的解释

（2002年10月12日最高人民法院审判委员会第1246次会议通过　2002年10月12日最高人民法院公告公布　2002年10月16日起施行　法释〔2002〕32号）

为了正确审理商标纠纷案件，根据《中华人民共和国民法通则》、《中华人民共和国合同法》、《中华人民共和国商标法》、《中华人民共和国民事诉讼法》等法律的规定，就适用法律若干问题解释如下：

第一条 下列行为属于商标法第五十二条第（五）项规定的给他人注册商标专用权造成其他损害的行为：

（一）将与他人注册商标相同或者相近似的文字作为企业的字号在相同或者类似商品上突出使用，容易使相关公众产生误认的；

（二）复制、摹仿、翻译他人注册的驰名商标或其主要部分在不相同或者不相类似商品上作为商标使用，误导公众，致使该驰名商标注册人的利益可能受到损害的；

（三）将与他人注册商标相同或者相近似的文字注册为域名，并且通过该域名进行相关商品交易的电子商务，容易使相关公众产生误认的。

第二条 依据商标法第十三条第一款的规定，复制、摹仿、翻译他人未在中国注册的驰名商标或其主要部分，在相同或者类似商品上作为商标使用，容易导致混淆的，应当承担停止侵害的民事法律责任。

第三条 商标法第四十条规定的商标使用许可包括以下三类：

（一）独占使用许可，是指商标注册人在约定的期间、地域和以约定的方式，将该注册商标仅许可一个被许可人使用，商标注册人依约定不得使用该注册商标；

（二）排他使用许可，是指商标注册人在约定的期间、地域和以约定的方式，将该注册商标仅许可一个被许可人使用，商标注册人依约定可以使用该注册商标但不得另行许可他人使用该注册商标；

（三）普通使用许可，是指商标注册人在约定的期间、地域和以约定的方式，许可他人使用其注册商标，并可自行使用该注册商标和许可他人使用其注册商标。

第四条 商标法第五十三条规定的利害关系人，包括注册商标使用许可合同的被许可人、注册商标财产权利的合法继承人等。

在发生注册商标专用权被侵害时，独占使用许可合同的被许可人可以向人民法院提起诉讼；排他使用许可合同的被许可人可以和商标注册人共同起诉，也可以在商标注册人不起诉的情况下，自行提起诉讼；普通使用许可合同的被许可人经商标注册人明确授权，可以提起诉讼。

第五条 商标注册人或者利害关系人在注册商标续展宽展期内提出续展申请，未获核准前，以他人侵犯其注册商标专用权提起诉讼的，人民法院应当受理。

第六条 因侵犯注册商标专用权行为提起的民事诉讼，由商标法第十三条、第五十二条所规定侵权行为的实施地、侵权商品的储藏地或者查封扣押地、被告住所地人民法院管辖。

前款规定的侵权商品的储藏地，是指大量或者经常性储存、隐匿侵权商品所在地；查封扣押地，是指海关、工商等行政机关依法查封、扣押侵权商品所在地。

第七条 对涉及不同侵权行为实施地的多个被告提起的共同诉讼，原告可以选择其中一个被告的侵权行为实施地人民法院管辖；仅对其中某一被告提起的诉讼，该被告侵权行为实施地的人民法院有管辖权。

第八条 商标法所称相关公众，是指与商标所标识的某类商品或者服务有关的消费者和与前述商品或者服务的营销有密切关系的其他经营者。

第九条 商标法第五十二条第（一）项规定的商标相同，是指被控侵权的商标与原告的注册商标相比较，二者在视觉上基本无差别。

商标法第五十二条第（一）项规定的商标近似，是指被控侵权的商标与原告的注册商标相比较，其文字的字形、读音、含义或者图形的构图及颜色，或者其各要素组合后的整体结构相似，或者其立体形状、颜色组合近似，易使相关公众对商品的来源产生误认或者认为其来源与原告注册商标的商品有特定的联系。

第十条 人民法院依据商标法第五十二条第（一）项的规定，认定商标相同或者近似按照以下原则进行：

（一）以相关公众的一般注意力为标准；

（二）既要进行对商标的整体比对，又要进行对商标主要部分的比对，比对应当在比对对象隔离的状态下分别进行；

（三）判断商标是否近似，应当考虑请求保护注册商标的显著性和知名度。

第十一条 商标法第五十二条第（一）项规定的类似商品，是指在功能、用途、生产部门、销售渠道、消费对象等方面相同，或者相关公众一般认为其存在特定联系、容易造成混淆的商品。

类似服务，是指在服务的目的、内容、方式、对象等方面相同，或者相关公众一般认为存在特定联系、容易造成混淆的服务。

商品与服务类似，是指商品和服务之间存在特定联系，容易使相关公众混淆。

第十二条 人民法院依据商标法第五十二条第（一）项的规定，认定商品或者服务是否类似，应当以相关公众对商品或者服务的一般认识综合判断；《商标注册用商品和服务国际分类表》、《类似商品和服务区分表》可以作为判断类似商品或者服务的参考。

第十三条 人民法院依据商标法第五十六条第一款的规定确定侵权人

的赔偿责任时，可以根据权利人选择的计算方法计算赔偿数额。

第十四条 商标法第五十六条第一款规定的侵权所获得的利益，可以根据侵权商品销售量与该商品单位利润乘积计算；该商品单位利润无法查明的，按照注册商标商品的单位利润计算。

第十五条 商标法第五十六条第一款规定的因被侵权所受到的损失，可以根据权利人因侵权所造成商品销售减少量或者侵权商品销售量与该注册商标商品的单位利润乘积计算。

第十六条 侵权人因侵权所获得的利益或者被侵权人因被侵权所受到的损失均难以确定的，人民法院可以根据当事人的请求或者依职权适用商标法第五十六条第二款的规定确定赔偿数额。

人民法院在确定赔偿数额时，应当考虑侵权行为的性质、期间、后果，商标的声誉，商标使用许可费的数额，商标使用许可的种类、时间、范围及制止侵权行为的合理开支等因素综合确定。

当事人按照本条第一款的规定就赔偿数额达成协议的，应当准许。

第十七条 商标法第五十六条第一款规定的制止侵权行为所支付的合理开支，包括权利人或者委托代理人对侵权行为进行调查、取证的合理费用。

人民法院根据当事人的诉讼请求和案件具体情况，可以将符合国家有关部门规定的律师费用计算在赔偿范围内。

第十八条 侵犯注册商标专用权的诉讼时效为二年，自商标注册人或者利害权利人知道或者应当知道侵权行为之日起计算。商标注册人或者利害关系人超过二年起诉的，如果侵权行为在起诉时仍在持续，在该注册商标专用权有效期限内，人民法院应当判决被告停止侵权行为，侵权损害赔偿数额应当自权利人向人民法院起诉之日起向前推算二年计算。

第十九条 商标使用许可合同未经备案的，不影响该许可合同的效力，但当事人另有约定的除外。

商标使用许可合同未在商标局备案的，不得对抗善意第三人。

第二十条 注册商标的转让不影响转让前已经生效的商标使用许可合同的效力，但商标使用许可合同另有约定的除外。

第二十一条 人民法院在审理侵犯注册商标专用权纠纷案件中，依据民法通则第一百三十四条、商标法第五十三条的规定和案件具体情况，可以判决侵权人承担停止侵害、排除妨碍、消除危险、赔偿损失、消除影响等民事责任，还可以作出罚款，收缴侵权商品、伪造的商标标识和专门用于生产侵权商品的材料、工具、设备等财物的民事制裁决定。罚款数额可以参照《中华人民共和国商标法实施条例》的有关规定确定。

工商行政管理部门对同一侵犯注册商标专用权行为已经给予行政处罚的，人民法院不再予以民事制裁。

第二十二条 人民法院在审理商标纠纷案件中，根据当事人的请求和案件的具体情况，可以对涉及的注册商标是否驰名依法作出认定。

认定驰名商标，应当依照商标法第十四条的规定进行。

当事人对曾经被行政主管机关或者人民法院认定的驰名商标请求保护的，对方当事人对涉及的商标驰名不持异议，人民法院不再审查。提出异议的，人民法院依照商标法第十四条的规定审查。

第二十三条 本解释有关商品商标的规定，适用于服务商标。

第二十四条 以前的有关规定与本解释不一致的，以本解释为准。

最高人民法院关于商标侵权纠纷中注册商标排他使用许可合同的被许可人是否有权单独提起诉讼问题的函

（2002 年 9 月 10 日 〔2002〕民三他字第 3 号）

上海市高级人民法院：

你院《关于商标侵权纠纷中注册商标排他使用人应如何依法行使诉权的请示》收悉。经研究，答复如下：

注册商标排他使用许可合同的被许可人与商标注册人可以提起共同诉讼，在商标注册人不起诉的情况下，可以自行向人民法院提起诉讼。商标注册人不起诉包括商标注册人明示放弃起诉的情形，也包括注册商标排他使用许可合同的被许可人有证据证明其已告知商标注册人或者商标注册人已知道有侵犯商标专用权行为发生而仍不起诉的情形。

最高人民法院关于审理商标案件有关管辖和法律适用范围问题的解释

（2001 年 12 月 25 日最高人民法院审判委员会第 1203 次会议通过　2002 年 1 月 9 日最高人民法院公告公布　自 2002 年 1 月 21 日起施行　法释〔2002〕1 号）

《全国人民代表大会常务委员会关于修改〈中华人民共和国商标法〉的决定》（以下简称商标法修改决定）已由第九届全国人民代表大会常务委员会第二十四次会议通过，自 2001 年 12 月 1 日起施行。为了正确审理商标案件，根据《中华人民共和国商标法》（以下简称商标法）、《中华人民共和国民事诉讼法》和《中华人民共和国行政诉讼法》（以下简称行政诉讼法）的规定，现就人民法院审理商标案件有关管辖和法律适用范围等问题，作如下解释：

第一条　人民法院受理以下商标案件：

1. 不服国务院工商行政管理部门商标评审委员会（以下简称商标评审委员会）作出的复审决定或者裁定的案件；
2. 不服工商行政管理部门作出的有关商标的具体行政行为的案件；
3. 商标专用权权属纠纷案件；
4. 侵犯商标专用权纠纷案件；
5. 商标专用权转让合同纠纷案件；
6. 商标许可使用合同纠纷案件；
7. 申请诉前停止侵犯商标专用权案件；
8. 申请诉前财产保全案件；
9. 申请诉前证据保全案件；
10. 其他商标案件。

第二条　本解释第一条所列第 1 项第一审案件，由北京市高级人民法院根据最高人民法院的授权确定其辖区内有关中级人民法院管辖。

本解释第一条所列第 2 项第一审案件，根据行政诉讼法的有关规定确定管辖。

商标民事纠纷第一审案件，由中级以上人民法院管辖。

各高级人民法院根据本辖区的实际情况，经最高人民法院批准，可以在较大城市确定1—2个基层人民法院受理第一审商标民事纠纷案件。

第三条 商标注册人或者利害关系人向工商行政管理部门就侵犯商标专用权行为请求处理，又向人民法院提起侵犯商标专用权诉讼请求损害赔偿的，人民法院应当受理。

第四条 商标评审委员会在商标法修改决定施行前受理的案件，于该决定施行后作出复审决定或裁定，当事人对复审决定或裁定不服向人民法院起诉的，人民法院应当受理。

第五条 除本解释另行规定外，对商标法修改决定施行前发生，属于修改后商标法第四条、第五条、第八条、第九条第一款、第十条第一款第（二）、（三）、（四）项、第十条第二款、第十一条、第十二条、第十三条、第十五条、第十六条、第二十四条、第二十五条、第三十一条所列举的情形，商标评审委员会于商标法修改决定施行后作出复审决定或者裁定，当事人不服向人民法院起诉的行政案件，适用修改后商标法的相应规定进行审查；属于其他情形的，适用修改前商标法的相应规定进行审查。

第六条 当事人就商标法修改决定施行时已满1年的注册商标发生争议，不服商标评审委员会作出的裁定向人民法院起诉的，适用修改前商标法第二十七条第二款规定的提出申请的期限处理；商标法修改决定施行时商标注册不满1年的，适用修改后商标法第四十一条第二款、第三款规定的提出申请的期限处理。

第七条 对商标法修改决定施行前发生的侵犯商标专用权行为，商标注册人或者利害关系人于该决定施行后在起诉前向人民法院提出申请采取责令停止侵权行为或者保全证据措施的，适用修改后商标法第五十七条、第五十八条的规定。

第八条 对商标法修改决定施行前发生的侵犯商标专用权行为起诉的案件，人民法院于该决定施行时尚未作出生效判决的，参照修改后商标法第五十六条的规定处理。

第九条 除本解释另行规定外，商标法修改决定施行后人民法院受理的商标民事纠纷案件，涉及该决定施行前发生的民事行为的，适用修改前商标法的规定；涉及该决定施行后发生的民事行为的，适用修改后商标法的规定；涉及该决定施行前发生，持续到该决定施行后的民事行为的，分别适用修改前、后商标法的规定。

第十条 人民法院受理的侵犯商标专用权纠纷案件，已经过工商行政管理部门处理的，人民法院仍应当就当事人民事争议的事实进行审查。

最高人民法院关于诉前停止侵犯注册商标专用权行为和保全证据适用法律问题的解释

（2001 年 12 月 25 日最高人民法院审判委员会第 1203 次会议通过 2002 年 1 月 9 日最高人民法院公告公布 自 2002 年 1 月 22 日起施行 法释〔2002〕2 号）

为切实保护商标注册人和利害关系人的合法权益，根据《中华人民共和国民法通则》、《中华人民共和国商标法》（以下简称商标法）、《中华人民共和国民事诉讼法》（以下简称民事诉讼法）的有关规定，现就有关诉前停止侵犯注册商标专用权行为和保全证据适用法律问题解释如下：

第一条 根据商标法第五十七条、第五十八条的规定，商标注册人或者利害关系人可以向人民法院提出诉前责令停止侵犯注册商标专用权行为或者保全证据的申请。

提出申请的利害关系人，包括商标使用许可合同的被许可人、注册商标财产权利的合法继承人。注册商标使用许可合同被许可人中，独占使用许可合同的被许可人可以单独向人民法院提出申请；排他使用许可合同的被许可人在商标注册人不申请的情况下，可以提出申请。

第二条 诉前责令停止侵犯注册商标专用权行为或者保全证据的申请，应当向侵权行为地或者被申请人住所地对商标案件有管辖权的人民法院提出。

第三条 商标注册人或者利害关系人向人民法院提出诉前停止侵犯注册商标专用权行为的申请，应当递交书面申请状。申请状应当载明：（一）当事人及其基本情况；（二）申请的具体内容、范围；（三）申请的理由，包括有关行为如不及时制止，将会使商标注册人或者利害关系人的合法权益受到难以弥补的损害的具体说明。

商标注册人或者利害关系人向人民法院提出诉前保全证据的申请，应当递交书面申请状。申请状应当载明：（一）当事人及其基本情况；（二）申请保全证据的具体内容、范围、所在地点；（三）请求保全的证据能够证明的对象；（四）申请的理由，包括证据可能灭失或者以后难以取得，且当事人及其诉讼代理人因客观原因不能自行收集的具体说明。

第四条 申请人提出诉前停止侵犯注册商标专用权行为的申请时，应当提交下列证据：

（一）商标注册人应当提交商标注册证，利害关系人应当提交商标使用许可合同、在商标局备案的材料及商标注册证复印件；排他使用许可合同的被许可人单独提出申请的，应当提交商标注册人放弃申请的证据材料；注册商标财产权利的继承人应当提交已经继承或者正在继承的证据材料。

（二）证明被申请人正在实施或者即将实施侵犯注册商标专用权的行为的证据，包括被控侵权商品。

第五条 人民法院作出诉前停止侵犯注册商标专用权行为或者保全证据的裁定事项，应当限于商标注册人或者利害关系人申请的范围。

第六条 申请人提出诉前停止侵犯注册商标专用权行为的申请时应当提供担保。

申请人申请诉前保全证据可能涉及被申请人财产损失的，人民法院可以责令申请人提供相应的担保。

申请人提供保证、抵押等形式的担保合理、有效的，人民法院应当准许。

申请人不提供担保的，驳回申请。

人民法院确定担保的范围时，应当考虑责令停止有关行为所涉及的商品销售收益，以及合理的仓储、保管等费用，停止有关行为可能造成的合理损失等。

第七条 在执行停止有关行为裁定过程中，被申请人可能因采取该项措施造成更大损失的，人民法院可以责令申请人追加相应的担保。申请人不追加担保的，可以解除有关停止措施。

第八条 停止侵犯注册商标专用权行为裁定所采取的措施，不因被申请人提供担保而解除，但申请人同意的除外。

第九条 人民法院接受商标注册人或者利害关系人提出责令停止侵犯注册商标专用权行为的申请后，经审查符合本规定第四条的，应当在48小时内作出书面裁定；裁定责令被申请人停止侵犯注册商标专用权行为的，应当立即开始执行。

人民法院作出诉前责令停止有关行为的裁定，应当及时通知被申请人，至迟不得超过5日。

第十条 当事人对诉前责令停止侵犯注册商标专用权行为裁定不服的，可以在收到裁定之日起10日内申请复议一次。复议期间不停止裁定的执行。

第十一条 人民法院对当事人提出的复议申请应当从以下方面进行审查：

（一）被申请人正在实施或者即将实施的行为是否侵犯注册商标专用权；

（二）不采取有关措施，是否会给申请人合法权益造成难以弥补的损害；

（三）申请人提供担保的情况；

（四）责令被申请人停止有关行为是否损害社会公共利益。

第十二条 商标注册人或者利害关系人在人民法院采取停止有关行为或者保全证据的措施后15日内不起诉的，人民法院应当解除裁定采取的措施。

第十三条 申请人不起诉或者申请错误造成被申请人损失的，被申请人可以向有管辖权的人民法院起诉请求申请人赔偿，也可以在商标注册人或者利害关系人提起的侵犯注册商标专用权的诉讼中提出损害赔偿请求，人民法院可以一并处理。

第十四条 停止侵犯注册商标专用权行为裁定的效力，一般应维持到终审法律文书生效时止。

人民法院也可以根据案情，确定停止有关行为的具体期限；期限届满时，根据当事人的请求及追加担保的情况，可以作出继续停止有关行为的裁定。

第十五条 被申请人违反人民法院责令停止侵犯注册商标专用权行为或者保全证据裁定的，依照民事诉讼法第一百零二条规定处理。

第十六条 商标注册人或者利害关系人向人民法院提起商标侵权诉讼时或者诉讼中，提出先行停止侵犯注册商标专用权请求的，人民法院可以先行作出裁定。前款规定涉及的有关申请、证据提交、担保的确定、裁定的执行和复议等事项，参照本司法解释有关规定办理。

第十七条 诉前停止侵犯注册商标专用权行为和保全证据的案件，申请人应当按照《人民法院诉讼收费办法》及其补充规定缴纳费用。

最高人民法院关于人民法院对注册商标权进行财产保全的解释

（2000 年 11 月 22 日最高人民法院审判委员会第 1144 次会议通过　2001 年 1 月 2 日最高人民法院公告公布　自 2001 年 1 月 21 日起施行　法释〔2001〕1 号）

为了正确实施对注册商标权的财产保全措施，避免重复保全，现就人民法院对注册商标权进行财产保全有关问题解释如下：

第一条　人民法院根据民事诉讼法有关规定采取财产保全措施时，需要对注册商标权进行保全的，应当向国家工商行政管理局商标局（以下简称商标局）发出协助执行通知书，载明要求商标局协助保全的注册商标的名称、注册人、注册证号码、保全期限以及协助执行保全的内容，包括禁止转让、注销注册商标、变更注册事项和办理商标权质押登记等事项。

第二条　对注册商标权保全的期限一次不得超过 6 个月，自商标局收到协助执行通知书之日起计算。如果仍然需要对该注册商标权继续采取保全措施的，人民法院应当在保全期限届满前向商标局重新发出协助执行通知书，要求继续保全。否则，视为自动解除对该注册商标权的财产保全。

第三条　人民法院对已经进行保全的注册商标权，不得重复进行保全。

文书范本

1. 商标注册申请书①

申请人名称（中文）：
（英文）：
申请人国籍/地区：
申请人地址（中文）：
（英文）：
邮政编码：
联系人：
电话：
代理机构名称：
外国申请人的国内接收人：
国内接收人地址：
邮政编码：
商标申请声明：□集体商标 □证明商标
□以三维标志申请商标注册
□以颜色组合申请商标注册
□以声音标志申请商标注册
□两个以上申请人共同申请注册同一商标
要求优先权声明：□基于第一次申请的优先权 □基于展会的优先权 □优先权证明文件后补
申请/展出国家/地区：
申请/展出日期：
申请号：

申请人章戳（签字）： 代理机构章戳：
代理人签字：

① 书式来源：国家工商行政管理总局商标局官网。

注：请按说明填写

下框为商标图样粘贴处。图样应当不大于10×10cm，不小于5×5cm。以颜色组合或者着色图样申请商标注册的，应当提交着色图样并提交黑白稿1份；不指定颜色的，应当提交黑白图样。以三维标志申请商标注册的，应当提交能够确定三维形状的图样，提交的商标图样应当至少包含三面视图。以声音标志申请商标注册的，应当以五线谱或者简谱对申请用作商标的声音加以描述并附加文字说明；无法以五线谱或者简谱描述的，应当使用文字进行描述；商标描述与声音样本应当一致。

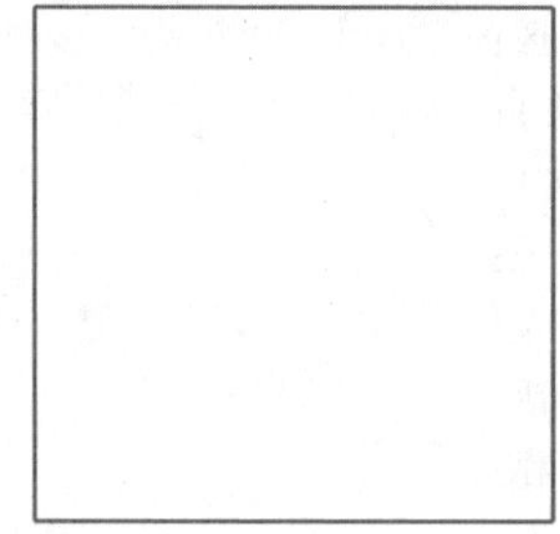

商标说明：

类别：

商品/服务项目：

类别：

商品/服务项目：

商标注册申请书（附页）

其他共同申请人名称列表：

填写说明

1. 办理商标注册申请，适用本书式。申请书应当打字或者印刷。申请人应当按照规定并使用国家公布的中文简化汉字填写，不得修改格式。

2. “申请人名称”栏：申请人应当填写身份证明文件上的名称。申请人是自然人的，应当在姓名后注明证明文件号码。外国申请人应当同时在英文栏内填写英文名称。共同申请的，应将指定的代表人填写在“申请人名称”栏，其他共同申请人名称应当填写在“商标注册申请书附页——其他共同申请人名称列表”栏。没有指定代表人的，以申请书中顺序排列的第一人为代表人。

3. “申请人国籍/地区”栏：申请人应当如实填写，国内申请人不填写此栏。

4. “申请人地址”栏：申请人应当按照身份证明文件中的地址填写。身份证明文件中的地址未冠有省、市、县等行政区划的，申请人应当增加相应行政区划名称。申请人为自然人的，可以填写通讯地址。符合自行办理商标申请事宜条件的外国申请人地址应当冠以省、市、县等行政区划详细填写。不符合自行办理商标申请事宜条件的外国申请人应当同时详细填写中英文地址。

5. “邮政编码”、“联系人”、“电话”栏：此栏供国内申请人和符合自行办理商标申请事宜条件的外国申请人填写其在中国的联系方式。

6. “代理机构名称”栏：申请人委托已在商标局备案的商标代理机构代为办理商标申请事宜的，此栏填写商标代理机构名称。申请人自行办理商标申请事宜的，不填写此栏。

7. “外国申请人的国内接收人”、“国内接收人地址”、“邮政编码”栏：外国申请人应当在申请书中指定国内接收人负责接收商标局、商标评审委员会后继商标业务的法律文件。国内接收人地址应当冠以省、市、县等行政区划详细填写。

8. “商标申请声明”栏：申请注册集体商标、证明商标的，以三维标志、颜色组合、声音标志申请商标注册的，两个以上申请人共同申请注册同一商标的，应当在本栏声明。申请人应当按照申请内容进行选择，并附送相关文件。

9. “要求优先权声明”栏：申请人依据《商标法》第二十五条要求优

先权的，选择“基于第一次申请的优先权”，并填写“申请/展出国家/地区”、“申请/展出日期”、“申请号”栏。申请人依据《商标法》第二十六条要求优先权的，选择“基于展会的优先权”，并填写“申请/展出国家/地区”、“申请/展出日期”栏。申请人应当同时提交优先权证明文件（包括原件和中文译文）；优先权证明文件不能同时提交的，应当选择“优先权证明文件后补”，并自申请日起三个月内提交。未提出书面声明或者逾期未提交优先权证明文件的，视为未要求优先权。

10. “申请人章戳”栏：申请人为法人或其他组织的，应加盖公章。申请人为自然人的，应当由本人签字。所盖章戳或者签字应当完整、清晰。

11. “代理机构章戳”栏：代为办理申请事宜的商标代理机构应在此栏加盖公章，并由代理人签字。

12. “商标图样”栏：商标图样应当粘贴在图样框内。

13. “商标说明”栏：申请人应当根据实际情况填写。以三维标志、声音标志申请商标注册的，应当说明商标使用方式。以颜色组合申请商标注册的，应当提交文字说明，注明色标，并说明商标使用方式。商标为外文或者包含外文的，应当说明含义。自然人将自己的肖像作为商标图样进行注册申请应当予以说明。申请人将他人肖像作为商标图样进行注册申请应当予以说明，附送肖像人的授权书并经公证。

14. “类别”、“商品/服务项目”栏：申请人应按《类似商品和服务项目区分表》填写类别、商品/服务项目名称。商品/服务项目应按类别对应填写，每个类别的项目前应分别标明顺序号。类别和商品/服务项目填写不下的，可按本申请书的格式填写在附页上。全部类别和项目填写完毕后应当注明“截止”字样。

15. “商标注册申请书附页——其他共同申请人名称列表”栏：此栏填写其他共同申请人名称，外国申请人应当同时填写中文名称和英文名称。并在空白处按顺序加盖申请人章戳或由申请人本人签字。

16. 收费标准：一个类别受理商标注册费 300 元人民币（限定本类 10 个商品/服务项目，本类中每超过 1 个另加收 60 元人民币）。受理集体商标注册费 1500 元人民币。受理证明商标注册费 1500 元人民币。

17. 申请事宜并请详细阅读“商标申请指南”（www. saic. gov. cn）。

2. 商标续展注册申请书[①]

申请人名称（中文）：
（英文）：
申请人地址（中文）：
（英文）：
邮政编码：
联系人：
电话：
代理机构名称：
商标注册号：
是否共有商标：□是　　□否
类别：

申请人章戳（签字）：　　　　代理机构章戳：

代理人签字：

注：请按说明填写

填写说明

1. 办理商标续展注册，适用本书式。申请书应当打字或印刷。申请人应当按照规定填写，不得修改格式。

2. 申请人名称、申请人章戳（签字）处加盖的章戳（签字）应当与提交的身份证明文件中的名称一致。申请人为自然人的，应当在姓名后面填写证明文件号码。

3. 申请人地址应冠以省、市、县等行政区划名称。申请人应当按照身

① 书式来源：国家工商行政管理总局商标局官网。

份证明文件中的地址填写，证明文件中的地址未冠有省、市、县等行政区划的，申请人应当增加相应行政区划名称。申请人为自然人的，可以填写通讯地址。

4. 国内申请人不需填写英文。

5. 属于共有商标的，应当在“是否共有商标”选择“是”；非共有商标选择“否”。

6. 共有商标申请商标续展注册，需由代表人提出申请，申请人名称/地址填写代表人的名称/地址，其他共有人名称/地址依次填写在申请书附页上（可再加附页）。非共有商标的，不需提交附页。

7. 委托商标代理机构申报的，应当填写代理机构名称并在“代理机构章戳/代理人签字”处由代理人签字并加盖代理机构章戳。未委托商标代理机构的，不需填写。

8. 一份申请书填写一个商标注册号。

9. 注册商标有多个类别的，按类别号依序填写。

10. 申请人为法人或其他组织的，应当在“申请人章戳（签字）”处盖章。申请人为自然人的，应当在此处签字。所盖章戳或签字应当完整清晰。

11. 申请按类别收费，一个类别受理商标续展注册费为 1000 元人民币，续展注册延迟费 250 元人民币。

12. 申请事宜并请详细阅读“商标申请指南”（www. saic. gov. cn）。

商标续展注册申请书

（附页）

其他共有人

1. 名称（中文）：
（英文）：
地址（中文）：
（英文）：

2. 名称（中文）：
（英文）：
地址（中文）：
（英文）：

3. 商标专用权质权登记申请书①

质权人名称（中文）：

（英文）：

质权人地址：

法定代表人：

电话（含地区号）：

邮政编码：

代理机构名称：

出质人名称（中文）：

（英文）：

出质人地址：

法定代表人：

电话（含地区号）：

邮政编码：

代理机构名称：

出质商标注册号：

担保债权数额：

质权登记期限：　　自　　　　至　　　　。

质权人章戳（签字）：　　　　出质人章戳（签字）：

代理机构章戳：　　　　代理机构章戳：

代理人签字：　　　　代理人签字：

① 书式来源：国家工商行政管理总局商标局官网。

填写说明

1. 办理商标专用权质权登记，适用本书式。申请书应当打字或印刷。质权人/出质人应当按规定填写，不得修改格式。

2. 商标专用权质权登记由质权人和出质人共同提出申请。

3. 质权人/出质人名称、质权人/出质人章戳（签字）处加盖的章戳（签字）应当与所附身份证明文件中的名称一致。质权人/出质人为自然人的，应当同时在姓名后面填写证明文件号码。

4. 质权人/出质人地址应冠以省、市、县等行政区划名称。质权人/出质人应当按照身份证明文件中的地址填写，证明文件中的地址未冠有省、市、县等行政区划的，质权人/出质人应当增加相应行政区划名称。质权人/出质人为自然人的，可以填写通讯地址。

5. 国内质权人/出质人不需填写英文。

6. 多个质权人的，在附页其他共同质权人处依次填写。

7. 共有商标办理质权登记，出质人名称/地址填写代表人的名称/地址。其他共同出质人名称/地址依次填写在申请书附页上（可再加附页）。

8. 委托代理机构申报的，应当填写代理机构名称并在“代理机构章戳/代理人签字”处由代理人签字并加盖代理机构章戳。未委托代理机构的，不需填写。

9. 出质商标为多个的，商标注册号可另加附页填写。

10. 质权人/出质人为法人或其他组织的，应当在“质权人/出质人章戳（签字）”处盖章。质权人/出质人为自然人的，应当在此处签字。所盖章戳或签字应当完整清晰。

11. 办理事宜并请详细阅读“商标申请指南”（www. saic. gov. cn）。

商标专用权质权登记申请书

（附页）

其他共同质权人

1. 名称（中文）：
   （英文）：　　　　（章戳/签字）
   地址（中文）：
   （英文）：
2. 名称（中文）：
   （英文）：
   地址（中文）：　　　　（章戳/签字）
   （英文）：

其他共同出质人

1. 名称（中文）：
   （英文）：　　　　（章戳/签字）
   地址（中文）：
   （英文）：
2. 名称（中文）：
   （英文）：　　　　（章戳/签字）
   地址（中文）：
   （英文）：

4. 商标注册流程简图

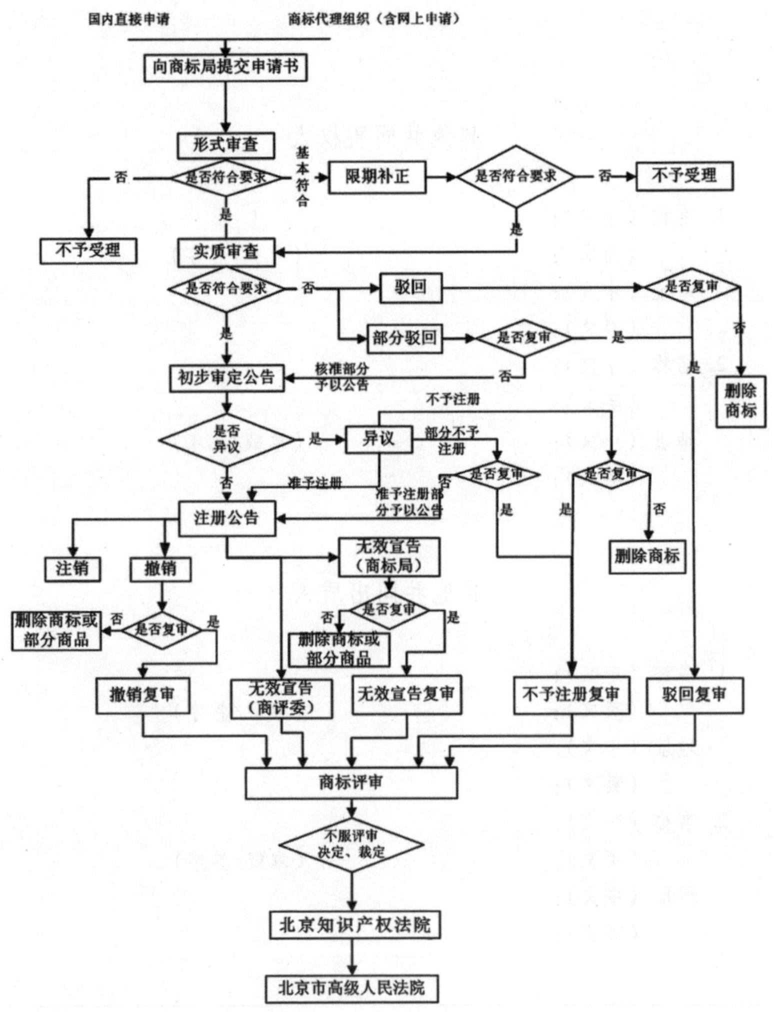

国内直接申请
商标代理组织（含网上申请）
向商标局提交申请书
形式审查
是否符合要求
否
不予受理
基本符合
限期补正
是否符合要求
否
不予受理
是
是
实质审查
是否符合要求
否
驳回
是否复审
否
删除商标
部分驳回
是否复审
是
是
核准部分予以公告
否
初步审定公告
是否异议
是
异议
不予注册
部分不予注册
是否复审
是否复审
否
删除商标
否
准予注册
准予注册部分予以公告
是
是
注册公告
注销
撤销
是否复审
否
删除商标或部分商品
是
无效宣告（商标局）
是否复审
否
删除商标或部分商品
是
撤销复审
无效宣告（商评委）
无效宣告复审
不予注册复审
驳回复审
商标评审
不服评审决定、裁定
北京知识产权法院
北京市高级人民法院

图书在版编目（CIP）数据

中华人民共和国商标法：实用版/中国法制出版社编．—2版．—北京：中国法制出版社，2018.8

ISBN 978－7－5093－9653－7

Ⅰ.①中… Ⅱ.①中… Ⅲ.①商标法－中国 Ⅳ.①D923.43

中国版本图书馆CIP数据核字（2018）第176778号

责任编辑 卜范杰　　封面设计 杨泽江

中华人民共和国商标法（实用版）

ZHONGHUA RENMIN GONGHEGUO SHANGBIAOFA（SHIYONGBAN）

经销/新华书店

印刷/廊坊一二〇六印刷厂

开本/850毫米×1168毫米 32开　　印张/6 字数/145千

版次/2018年8月第2版　　2018年8月第1次印刷

中国法制出版社出版

书号 ISBN 978－7－5093－9653－7　　定价：18.00元

北京西单横二条2号

邮政编码 100031　　传真：010－66031119

网址：http：//www.zgfzs.com　　编辑部电话：010－66066621

市场营销部电话：001－66033393　　邮购部电话：010－66033288

（如有印装质量问题，请与本社印务部联系调换。电话：010－66032926）